中央财经大学
城市治理研究丛书

健康城市治理

HEALTHY CITY GOVERNANCE

温锋华 林勤英 ◎ 著

中国财经出版传媒集团

经济科学出版社
Economic Science Press

·北 京·

图书在版编目（CIP）数据

健康城市治理／温锋华，林勤英著 . -- 北京 ： 经
济科学出版社，2024. 12. -- （中央财经大学城市治理研
究丛书）. -- ISBN 978 - 7 - 5218 - 6168 - 6

Ⅰ. F293

中国国家版本馆 CIP 数据核字第 2024DB1691 号

责任编辑：王　娟　徐汇宽
责任校对：刘　昕
责任印制：张佳裕

健康城市治理
JIANKANG CHENGSHI ZHILI

温锋华　林勤英　著

经济科学出版社出版、发行　新华书店经销

社址：北京市海淀区阜成路甲 28 号　邮编：100142

总编部电话：010 - 88191217　发行部电话：010 - 88191522

网址：www. esp. com. cn

电子邮箱：esp@ esp. com. cn

天猫网店：经济科学出版社旗舰店

网址：http：//jjkxcbs. tmall. com

北京联兴盛业印刷股份有限公司印装

710×1000　16 开　13.75 印张　210000 字

2024 年 12 月第 1 版　2024 年 12 月第 1 次印刷

ISBN 978 - 7 - 5218 - 6168 - 6　定价：58.00 元

（图书出现印装问题，本社负责调换。电话：010 - 88191545）

（版权所有　侵权必究　打击盗版　举报热线：010 - 88191661

QQ：2242791300　营销中心电话：010 - 88191537

电子邮箱：dbts@ esp. com. cn）

中央财经大学城市治理研究丛书
编委会

顾　问：（按姓氏笔画排序）

王德起　叶信岳　朱旭峰　刘炳胜　李　迅

李国平　杨开忠　杨宏山　杨雪峰　吴宇哲

吴晓林　沈体雁　陈建军　赵燕菁　章文光

主　任：姜　玲

副主任：张　剑

委　员：（按姓氏笔画排序）

王　伟　王　璇　邢　华　刘　慧　那子晔

陈红霞　柴　铎　黄志基　温锋华　魏海涛

前　言

　　健康是促进人的全面发展的必然要求，是经济社会发展的基础条件，是民族昌盛和国家富强的重要标志，也是广大人民群众的共同追求。刘易斯·芒福德提出，城市是工作、财富、创意和文明的容器以及经济社会活动各种要素的聚集地。城市健康问题既关系着市民的身体健康，也关系着城市各种职能的正常进行。健康城市是一个不断开发、发展自然和社会环境，并不断扩大社会资源，使人们在享受生命和充分发挥潜能方面能够互相支持的有机体，是从规划、建设到治理各个阶段均以人为中心，保障广大市民健康生活和工作，成为人类社会发展所必需的健康人群、健康环境和健康社会有机结合的发展整体，是人类文明进程和城市化发展的产物，是城市化发展到今天人们对城市健康问题的一种重新认识与建构。

　　自我国实施"健康中国"战略以来，我国健康城市的规划建设和治理取得显著成效，逐渐形成了具有中国特色的健康城市促进政策体系和治理制度，但仍面临着新挑战和新问题。极端天气事件和突发公共卫生事件等城市健康问题的频现，给人民健康、社会稳定和健康韧性带来了前所未有的压力与挑战。如何推进健康城市治理，提高城市的健康水平，满足人民群众对美好生活的需要，是当前我国城市治理体系与治理能力现代化建设的重要命题之一。

　　本书正是在这样的时代背景下，从健康城市的概念内涵、发展历程以及相关研究综述入手，系统梳理了世界各地的实践经验和中国的探索实践，对健康城市治理的关键问题进行较为全面系统的总结。其中理论研究部分包括健康城市基础理论及近期研究进展；实践方面分为国外发达国家健康城市建设经验和我国部分典型健康城市探索；健康城市的专项部分包括城市公共卫生危机的循证治理和儿童友好型、老年友好型城市健康治理等方面。全书分为八章，第一章为健康城市概论与研究进展。主要包括健康城市的相关概念与内涵，健康城市的发展历程，健康城市研究综述，以及从医学与心理学基础理论、健康与行为基础理论、城市规划与治理基础理论三个维度介绍了健康城市的基础理论。第二章为健康城市治理的国外图景。选取了美国、欧洲、英国、日本等国家和地区的健康城市实践案例，从这些国家健康城市的实践历程、核心经验、建设成效等维度，总结这些发达国家在健康城市治理领域的实践经验。第三章为健康城市治理的中国探索。首先梳理了中国健康城市发展的背景及健康城市治理的历程，其次从发展历程、发展特征、治理经验三个方面对香港、北京、上海、深圳四地的健康城市治理实践进行总结，最后提出中国健康城市治理的经验和存在问题。第四章梳理了健康城市与城市空间治理的逻辑关系，分别分析了健康城市与土地利用治理、交通环境治理以及绿色空间治理的关系。第五章在明晰城市重大公共卫生的类型及危害的基础上，通过引入循证治理的概念，总结了城市公共卫生危机的循证治理机制。第六章和第七章分别为儿童友好型城市和老年友好型城市视角的北京首都核心功能区的健康城市空间需求与供给特征实证研究。基于实证研究，提出儿童友好和老年友好健康城市建设的核心任务和总体方向。第八章从建立城市疫情常态化治理机制的视角出发，从社会治理机制、财税金融治理机制、校园治理机制、心理引导机制等维度提出健康城市治理的常态化工作机制。

本书能够帮助读者了解健康城市的内涵及发展历程，国内外健康城市治理的实践与经验，有助于把握健康城市的内在机制，了解健康城市的规划、建设与治理的内在逻辑。除了面向政策制定者和城市管理者，本书也对城市市民具有实践意义，健康城市的建设不是政府等管理者单方面的责任，而是需要城市里每一个成员都要参加的集体项目，这是"治理"的重要特征。本书能够激发市民对健康城市的兴趣，让更多的人了解并参与健康城市的建设和治理实践，从而更好地发挥市民在健康城市治理中的主体作用。

在本书撰写过程中，中央财经大学政府管理学院姜玲教授，北京建筑大学城市经济与管理学院黄道涵博士，黑龙江八一农垦大学经济管理学院寇晨欢博士，中国联通政企客户事业群邢江波，中央财经大学杨姗、郑宏鑫、李思婷、张新月、王雅姝、王雨琪、陈建军、宋澜、杨航、戴晓冕、黎顺如等同学提供了大量的帮助，在此以有限的文字对他们提供的大力支持表示衷心的感谢！全书统稿、审定和文责由温锋华和林勤英共同负责。

本书的写作参考了大量同行的学术研究、媒体及专业网站的各类文献资料，在向所有引用的文献成果作者表达敬意与谢意的同时，也对有些可能被疏忽或遗漏的参考文献作者表达歉意。健康是人类永恒的追求，健康城市治理任重道远，在未来的健康城市规划建设和治理过程中，还有很多经验规律和实践模式需要不断总结，有不少问题亟须破解。本书只是对当前健康城市治理工作总结的一个初步尝试，限于理论水平与实践经验，难免存在不足之处，恳请广大读者批评指正。

目　　录

第一章

健康城市概论与研究进展

现代城市规划与治理起源于城市公共卫生问题，彼得·霍尔（Peter Hall）认为："由于贸易带来巨大的流动性，流行病能够较之以往快得多的速度在全球传播，这造成了19世纪30~60年代多次流行性疾病席卷英国，造成严重后果"①。快速的城市化给城市这个生命有机体带来福利与活力的同时，也带来了诸多城市病。人类健康与城市发展问题的结合研究发端于19世纪后期工业革命之后的英国。20世纪90年代，世界卫生组织（WHO）提出了"健康城市"的相关内涵及评价标准，并在欧洲、美国等发达国家启动了影响广泛的健康城市运动。学术界对"健康城市"的研究经历了从狭义的公共卫生，拓展到广义的社区环境、社会心理以及健康城市规划与治理等复合系统的理论探索。

第一节　健康城市的相关概念与内涵

麦克基温（McKeown）教授于1976年首次提及"健康城市"一词。随后在1977年，世界卫生组织根据麦克基温教授的六项原则②，制定了

---

① 彼得·霍尔. 明日之城：1880年以来城市规划与设计的思想史［M］. 童明译. 上海：同济大学出版社，2017.
② 麦克基温教授认为：19世纪和20世纪的英国和发达国家，改善健康状况的主要因素并不是医疗条件和技术的进步，而是一些社会、环境和经济变化的影响。并提出了人类健康的6项原则：（1）改善卫生条件的不均一性；（2）强调疾病的预防；（3）部门间相互合作；（4）公众的参与；（5）对初级卫生保健的重视；（6）国际合作。

"健康为人人"的政策框架，并于 1978 年在阿拉木图召开的国际级卫生保健大会上发表了《阿拉木图宣言》①。此后，健康城市逐渐走入人们的视野，学者不断拓宽健康概念的外延，诠释健康城市内涵的角度也随着时代的演进而趋向多元。健康领域陆续出现了众多与健康城市有关的概念，在健康城市研究仍处于探索阶段时，城市尺度下的健康议题常常与其他概念相联系。

一、健康城市相关概念

（一）健康的概念

自 17 世纪传染病在欧洲社会广泛传播和蔓延以来，病理学和生物医学虽然得到了快速发展，但人们对传统健康观念以及对健康的认知局限于身体健康层面的"无病、无伤、无残"。直至 20 世纪中叶，在时代进步与社会环境变迁的背景下人们开始关注影响健康的社会因素，学术界开始以整体化、多维度视角重新诠释健康的涵义。1948 年，世界卫生组织在《组织法》中首次给"健康"下定义，强调以体格、精神与社会三维度衡量健康状态，其定义内容为：健康不仅是免于疾病和衰弱，而是保持体格方面、精神方面和社会方面的完美状态。1978 年，《阿拉木图宣言》在 WHO 给予的定义基础上视健康为基本人权，提倡世界各国应致力于提升健康水平以保障这一社会性目标的实现。1986 年，《渥太华宪章》从健康作为一种资源的角度出发进一步剖析健康的内涵，提出要实现身体、心理和社会幸福的完好状态，人们必须要有能力识别和实现愿望、满足需求以及改善或适应环境。因此，健康是日常生活的资源，而不是生活的目标。健康是一个积极的概念，它不仅是个人身体素质的体现，也是社会和个人的资源。自此人们开始从实用性的角度讨论健康话题，注重健康的积极作用，也为促进健康开辟了新途径。1990 年，健康定义的范畴进一步扩大。世界卫生组织又将健康内涵提升至全面健康的

---

① 《阿拉木图宣言》指出：健康教育是所有卫生问题、预防方法及控制措施中最为重要的，是能否实现初级卫生保健的关键。这是全世界健康教育的里程碑，也是健康促进发展的雏形。

层面，提出应从躯体健康、心理健康、社会适应良好和道德健康四方面测度健康。

进入 21 世纪后，学者进一步拓宽健康的外延与内涵。在内外部环境不断变化的背景下，传统的健康定义已无法跟进社会发展的步伐，更加无法适应人们对于高质量生活的需求，大健康的概念被首次提出。蔡青青（2002）认为大健康是由对长寿的期望，懂得健康知识的智慧，保持豁达的心境，追求美的愉悦，高尚的道德情操所共同衡量的，简言之就是"生理＋心理＋社会＋环境＋寿＋乐＋智＋美＋德＋基因＋健商"。"大健康"与"健康"相比，涵盖了更多维度的健康目标，尤其是增添基因与健商两大元素，强调健康的实现依靠人们的主观能动性与掌握健康奥秘的智慧。同时，"大健康"也凸显出健康在人们的生活中占据越来越重要的地位，引导人们为健康事业不懈奋斗。

（二）公共健康

学术界对"公共健康"概念的理解不相一致，至今尚无定论，此处仅介绍业界在社会层面提出的部分观点。1920 年，美国公共健康专家温思路在界定"公共健康"这一概念时，着重强调公共健康需要有组织的社区努力，通过营造健康卫生的公共环境与社会机制确保每个公民都能达到适于保持健康、延年益寿的生活标准。乔纳森·麦恩（1999）基于人权视角提出公共健康的概念框架，在分析健康的社会基础后他提倡人们应注重公共健康的公平性。我国学者肖巍则系统阐释了公共健康的概念、特征、使命以及目标，提出公共健康是指公众的健康，或称作人口的健康。他的观点经过凝练可知，公共健康的本质是一种社会公共产品，需要全社会共同参与与协作，使社会群体力量与政府宏观调控形成合力，以促进健康效益的实现。此外，公共健康不同于个人健康，公共健康将健康置于群体层面，以人口整体为对象，关注的是社会全体成员的健康问题。

（三）幸福城市

由于城市是社会、政治、经济与文化各元素相互交织所形成的巨系统，因此各个城市对于幸福城市的建设没有统一的标准可以遵循。随着历史变迁，人们对"幸福"的定位往往也发生了变化，因此幸福城市的含义因地而异、因时而变，学者们也众说纷纭，各有各的看法，至今没有形成统一的定义。夏书章（2011）提出物质和精神两方面相互联结可以反映幸福的实质性内涵，并且提倡幸福城市的建设需要政府、社会团体和个人同心协力。程晔（2012）认为幸福城市是以城市居民的实际需要为导向，致力于实现安全稳定、民生给力、经济殷实、生态良好、人文繁华的城市。

二、健康城市的概念与内涵

（一）概念与定义

健康城市的提出人汉考克和顿尔（Hancock and Duhl，1986）将健康城市定义为：健康城市是一个有连续性、创造性，不断改造和改善自然与社会环境的城市，并不断扩展社会资源，使市民能够互相支持，完善生活的所有功能并协助他们，使他们的潜能可以发挥到最高点。基于此定义，国内学者结合我国国情，进一步对健康城市的内涵进行了解析。黄敬亨等（1995）认为健康城市不单是拥有良好医疗保健服务的城市，还是一个包含社会、经济、政治、环境、行为变化多维度的社会生态。郭清等（1996）认为健康城市一切出发点都是居民健康，并且致力于达成全球健康和生态环境的社会平等。于文平等（1998）以作为一个完整的实体以及生活的空间的城市为研究健康城市的起点，认为健康城市中存在着达成共识的"共同竞赛规则"，所有的城市居民都在朝着共同目标努力。

进入21世纪后，世界卫生组织（WHO）在顿尔的基础上给予健康城市一个更加规范的阐述："其目的是通过人们的共识，动员市民与地方政府和社会团体合作，以此提供有效的环境支持和健康服务，从而改善城市的人居环境和市民的健康状况。"根据WHO的定义，国内许多学者都从不同角度出发进一步阐释了健康城市的释义与内涵。严强等（2001）认为健康城市不仅是市民基本卫生保健问题解决的领航者，更是城市健康促进的载体以及公共卫生策略与卫生可持续发展策略的实施者，同时指引了未来医学发展方向。

邢育健（2001）基于"一体化"原理提出健康城市就是把所有问题归结到一个综合概念之中，其中最重要的是教育以及各种有益于居民健康的政策与环境支持的组合。其中一体化包含各种预防疾病的活动、政策与社会大环境的支持以及部门间合作协同网络。玄泽亮等（2002）认为健康城市是在城市运作的各个环节均以保障人的健康为核心，健康人群、健康环境与健康社会有机结合的发展整体。

上述各位学者均是从全新的角度解读城市，强调城市的社会属性，认为城市不仅是强调经济增长的经济实体，更是一个让人们能舒心、安心、放心地生活与成长的现实空间。国内学者一致认为健康城市是以人的健康为立足点，以健康优先的社会环境以及部门协作网络为支撑，通过健康促进活动充分发挥城市健康资源，为城市居民提供医疗卫生服务、改善社会经济状况、美化人居环境，从而实现全球健康和生态环境的社会平等。健康城市不再是优质医疗服务提供者的单向度概念，而是健康人群、健康环境与健康社会相互渗透、相互联结构成的复合体（见图1-1）。

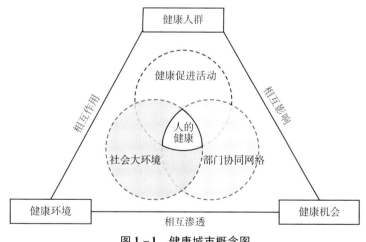

图1-1 健康城市概念图

资料来源：笔者自绘。

（二）健康城市的标准

为了更好地建设健康城市，WHO将1996年世界卫生日的主题定为"健康城市，为了更美好的生活"，并公布了健康城市的参考标准，共十条：（1）为市民提供清洁美丽、居住安全的环境；（2）为市民提供可靠和持久的食品、饮水、能源供应，废物高效处理；（3）通过富有活力和创造性的各种经济手段，保证市民在营养、饮水、住房、收入、工作条件和安全保障等方面达到基本要求；（4）拥有一个强有力的相互帮助的市民群体，其中各种不同的组织能够为了改善城市健康而协调工作；（5）能使其市民一道参与制定涉及他们日常生活、特别是健康和福利的各种政策；（6）提供各种娱乐和休闲活动场所，以方便市民之间的沟通和合作；（7）保护文化遗产并尊重所有居民（不分其种族和宗教信仰）的各种文化和生活特征；（8）把保护健康视为公共政策的组成部分，引导市民采取健康的生活方式；（9）做出不懈努力争取改善卫生服务质量，并能使更多市民享受卫生服务；（10）能使人们更健康长久地生活，更少罹患疾病。这十条标准的提出，为世界各国建设健康城市提供了基本的遵循。

（三）健康城市建设原则

WHO 在 2000 年的工作会议上又提出了健康城市建设应遵循的原则，它们由《21 世纪健康》和地方化的《21 世纪议程》发展而来，健康城市的建设始终遵循以下原则：（1）平等原则。一方面，健康方面的平等意味着每个人都有认识并且激发自身全部潜能的权利和可能；另一方面，城市人群在政治、经济与社会方面的不平等，显然会影响其健康状态。（2）可持续原则。这是健康城市进程的核心原则，城市人民的健康与福利的实现是可持续发展战略成功的重要指标。（3）跨部门协作。健康促进的社会模式要求跨部门协作，以减少重复与冲突，达到有限资源的最大健康效益。（4）社区参与。促进健康的各项工作应以社区为基础。社区拥有第一手资料，能使居民积极参与、表达诉求，是决定问题解决的次序、制订和修订决策所不可或缺的合作伙伴。（5）国际性的行动与团结。健康城市工程需要真正的横向协作，不仅是多部门间的协作，还应拓展到城市之间、国家之间的协作，如 WHO 健康城市工程网络等。

第二节　健康城市的发展历程

在"新公共卫生运动"、《渥太华宪章》与"人人享有健康"战略思想的引领下，建设健康城市成为迎接城市化挑战的新手段，健康城市的理论研究与实践探索不断互动发展。

一、健康城市的提出背景

（一）快速城市化的推动

西方发达国家自工业革命以来就开始了城市化进程。第二次工业革命在大力推进生产力发展的同时也大大加快了西方发达国家的城市化速度，到了1950 年，西方主要发达国家基本完成了城市化，英国更是实现了高度城市化，城市化率达到 79%，其他西方发达国家的城市化率也达到了 60% 左右，对比 1850 年 11.4% 的平均水平简直是天壤之别。[①] 如此快速的城市化进程使城市里各种各样的"城市病"积累成堆，不仅过去的贫民窟和各种社会问题没有从根本上解决，而且又增加了有组织的犯罪和环境污染等新问题。发达国家还在不同程度上面临着过度城市化的困扰，其中市民健康问题最为基本也最为重要，随着市民经济水平的提高，市民对自身的健康促进问题也越发关注，城市规划也因此追求城市的健康水平，健康城市运动应运而生。

自新中国成立特别是改革开放以来，我国经历了世界历史上规模最大、速度最快的城镇化进程，城镇化率从 1978 年的 17.9% 发展到 2022 年的65.22%，在这 40 多年间，中国城镇化率提高了近 50 个百分点，年均提高 1个多百分点，每年平均有 1000 多万农村劳动力转移到城市地区，城市常住人口增加了 6.4 亿[②]，中国完成了由一个农业人口占主体的国家向城镇人口占

---

① 资料来源于世界银行数据库。
② 中华人民共和国国家统计局. 中国统计年鉴［M］. 北京：中国统计出版社，2023.

主体的国家的历史性转变，走过了发达国家上百年才走过的城镇化进程，取得了举世瞩目的成就。对比西方国家的城市化发展历程，我国的城镇化进程规模更大，速度更快，因此虽然有西方城市化发展的历史经验可以借鉴，我国城市依然面临更严峻的挑战，要更加关注城市的治理，健康城市无疑是其中的一个重要部分。

（二）福利国家的推动

20 世纪 30 年代的经济大危机孕育了第一次世界大战，但也催生了英国的"人民预算"和美国的"罗斯福新政"。在战争废墟上建立起的是新福利制度，后被泛称为福利国家。西方的福利国家制度对健康城市这一概念的产生也有极大的推进作用。

一方面，福利国家制度提高了市民的福利水平，医疗保险是在福利国家制度中必不可少的内容，医疗支出成为实施福利政策的西方发达国家特别是欧洲各国政府财政的重担，居民的健康水平显然对每年的医保支出具有直接影响，健康城市成为全体公民和政府的共同期望；另一方面，医疗支出的增多促进了医疗保健及相关产业的发展，这些产业或是公立的医疗保健系统，如英国的医疗保健计划，或是私人医疗保健机构，总之这些产业的发展为健康城市的建设提供了不可或缺的物质和人力资源。

（三）新的健康问题的出现

随着医疗水平的提高，城市面临的健康问题也发生了变化，许多过去困扰我们的难题随着技术的发展已经不再存在，生活方式的变化使高血压等慢性病成为新的威胁。2000 年 WHO 研究报告指出，每年因各种疾病和其他健康问题所造成的死亡人数占世界总死亡人口的 80% 以上，其中以心脑血管疾病、高血压、糖尿病、恶性肿瘤为代表的慢性非传染性疾病成为威胁人类健康的头号杀手，占到全球疾病负担的 70% 以上。[①] 吸烟、酗酒、缺乏运动等不良生活方式，以及肥胖、高脂血症发病率的迅速增长，更是加重了全球的

---

① 范旭东."健康城市"国内外研究进展述评与建设启示 ［J］. 体育科技文献通报，2018，26（10）：28，70.

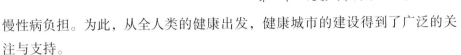

慢性病负担。为此，从全人类的健康出发，健康城市的建设得到了广泛的关注与支持。

二、健康城市的发展历程

健康城市理念自 1984 年的孕育开始，经历了 30 余年"理论－实践－理论"反复论证与研究的过程，国际上对于健康城市的研究朝多学科融合的多元研究与深入的专项研究方向发展。通过梳理健康城市建设实践与理论研究的演变与发展，我们将健康城市的发展历程分为萌芽阶段、普及阶段与理论体系构建阶段。

（一）萌芽阶段

在 1984 年之前，国际上还没有关于"健康城市"的清晰定义，但随着工业革命带来的城市污染与卫生疾病问题日益凸显，英国进行了最早的城市卫生运动。随后，西方发达国家经历了战后重建，此时西方学界普遍关注社会公平与政府政策制定，为"健康城市"的理论研究与实践开展打下了坚实的基础。

19 世纪城市的健康状况一直是学界关于"生活水平"争论的核心。这涉及工业化和城市化对英国和其他在 19 世纪经历了工业革命的国家人口、经济、社会和健康状况的影响。19 世纪 40 年代伦敦学者约翰·斯诺（John Snow）发布了关于霍乱的经典著作，书中描绘了恶劣的卫生条件和被污染的城市饮水，引发了当时对城市和城市化中的健康问题的关注。伦敦烟雾事件之后英国陆续开展了城市卫生运动，1842 年英国召开都市健康会议并发表了埃德温·查德威克（Edwin Chadwick）的报告，该报告研究了贫民窟居民的恶劣的卫生状况，并建议成立健康协会。

1909 年，英国颁布了《公共卫生法》（Public Health Act），这是第一部现代都市法案规范，在其中也强调了人类健康与城市规划发展的密切关系。1942 年，伊利尔·沙里宁（Eliel Saarinen）在《城市：它的发展、衰败与未来》一书中提出"有机疏散理论"，认为城市就像有机体中的细胞这一基础组分，具有健康的需求。20 世纪 40 年代后期的战后重建的英国大伦敦规划中也采用"有机规划"来进行城市修复与功能恢复，以卫星城方式解决人口膨胀问题，迁出了大量工业并修建绿带。

1976 年，麦克翁（McKeown）教授在其著作中首次提出"健康城市"一词，认为国家健康进步的主要影响因素并非医疗技术，而是特定的社会、经济和环境情况的变化（社会环境领域）。1977 年世界卫生组织（WHO）召开第十三届世界卫生大会，提出了人人健康（HFA）概念与六大原则，并通过了《阿拉木图宣言》。1979 年世界健康大会（World Health Assembly）提交了《2000 年世界全民健康战略》，呼吁建设健康城市需要采取行动来改善健康和福祉，并且其主要领域不只在正规卫生部门。

（二）普及阶段

自 1984 年世界卫生组织提出健康城市这一概念，1986 年随即通过的《渥太华宪章》和始于 1986 年的国际健康城市运动共同推动了研究健康城市的第一波浪潮。在《渥太华宪章》"为了所有人的健康"（health for all，HFA）思想的指导下，世界卫生组织欧洲地区办公室率先于 1986 年设立"健康城市项目"，随后建立了"欧洲健康城市网络"。

1. 健康城市与健康城市运动。

WHO 在 1994 年给健康城市的定义是"健康城市应该是一个不断创造和改善自然和社会环境，扩大社区资源，使人们能够相互支持，履行生活的所有职能，并最大限度地发挥潜力的城市"。

1984 年，WHO 在加拿大多伦多大会上首次提出健康城市概念。1986 年，首届健康促进国际会议在渥太华宣布："健康的基本条件和资源是和平、住房、教育、食品、收入、稳定的生态系统、可持续资源、社会正义与公平。"改善健康状况需要在这些基本先决条件中打下牢固的基础。大会通过了《渥太华宪章》（Ottawa Charter for Health Promotion）。同时，国际健康城市运动以多伦多为中心，其热潮席卷了美国、欧洲各国以及日本、新加坡等主要发达国家。最初的"健康城市"的做法试图将健康问题置于政治和社会议程的重要位置，并在地方一级开展强有力的公共卫生运动，运动的核心在于政府各部门之间的合作、社区发展和改善城市卫生。

2. 健康城市构建的评价指标与实践探析。

健康城市是广泛解决城市化进程中各种问题的方法和途径，因此引进健康城市理念具有重要意义。世界卫生组织在1992年至1994年提出了建设健康城市4个方面共32项的指标体系：健康指标（共3项）、健康服务指标（共7项）、环境指标（共14项）、社会经济指标（共8项），其评价内容强调了人口、环境与经济社会的有机结合。对于各健康城市项目没有统一具体的评估指标，强调因地制宜、根据地方特色和健康需求开展工作。

随后，世卫组织发展中心在实现城市化的8个关键领域确定了改善城市居民生活的行动方针，并与健康促进的原则相适应，例如：建立民主有效的城市治理机制；在方案一级进行强有力的部门间合作；社区层面的积极参与和赋权是健康城镇化的基础。这些过程对健康城市的发展至关重要，这也是世界卫生组织于1980年代开始的一项规划，其基础是"生活和环境条件对健康负有责任这一由来已久的观念"（Werna E，1998）。自1980年代初开始运作的多伦多健康城市项目以及汉考克和顿尔（Hancock T and Duhl L，1988）所做的工作促进了世卫组织健康城市规划的发展。在《渥太华宪章》的推动下，各国进一步创造支持性环境，加强社区行动，发展个人技能，调整卫生服务方向，制定健康公共政策促进人口健康，健康城市运动自成立以来已在国际上站稳脚跟。

截至1996年，全世界约有3000个城市以某种方式与国际健康城市网络建立了联系。据估计，在过去的20多年里，健康城市已经在全球范围内协助制定了多达1万项倡议。同时，欧洲作为健康城市项目进展较好的地区，近几十年健康城市及健康城市项目在不断的实践和发展过程中出现了一系列变化。1994年8月中华人民共和国卫生部与世卫组织开始了合作项目，其工作基础与前期铺垫是自1989年中央爱国卫生运动委员会在全国范围内开展的卫生城市运动，率先加入中国健康城市建设队伍的城市有北京、江苏等。

我国学者马祖琦（2007）通过回顾欧洲"健康城市项目"的运作流程与工作重点，总结出老龄化、城市规划以及社会因素这三个方面对于欧洲健康城市建设的影响；周向红（2007）对欧洲健康城市运动进行分析和剖解，并重点介绍英国、波罗的海地区的案例，为我国健康城市运动建设及城市规划实践提供了借鉴性的框架。通过以上论述发现，新阶段的健康城市与我国的卫生城市在建设、规划等领域具有十足的差异性。

（三）理论体系构建阶段

健康城市的研究在1995年至2015年间，经历了空前的国际大讨论。在这个时期，健康城市概念由狭义的公共卫生转向了广义的社会模式、生态和规划模式；由传统的医学卫生研究拓展到社会与行为的研究，而后过渡至城市规划与公共政策范式的系统探究。

1. 医学－公共卫生流派。

早在19世纪末至21世纪初，美国的公共规划学派便在研究改善低住区人口健康问题的过程中，开始了对于医疗卫生技术以及传染病扩散等诸多医学与公共卫生领域的研究。1996年10月，美国由于卫生技术的广泛使用，促进了卫生和福利责任规范的文化和政治转变，以供水排污系统为代表的市政服务，从私人和工业领域转移到国家宏观政策。蕾切尔·卡森（Rachel Carson）1962年出版的《寂静的春天》（Silent Spring）同样对环境卫生产生了影响。卡森重新普及了19世纪工业污染与环境健康联系的主题，同时也将影响种族差异以及相关的人的心理因素纳入了部分遗传学、心理学等的医学研究。

上海复旦大学公共卫生学院傅华教授等提出了更易被人理解的定义："所谓健康城市是指从城市规划、建设到管理各个方面都以人的健康为中心，保障广大市民健康生活和工作，成为人类社会发展所必需的健康人群、健康环境和健康社会有机结合的发展整体。"

2. 行为/心理学－社会公平流派。

加州大学伯克利分校杰森·科尔本（Jason Corburn）教授作为健康城市学科的创始人之一，他的专著《迈向健康城市》探究了公共卫生和规划机构、社区应该如何重新定义城市中的环境卫生公平，以改善区域内人的健康。他致力于从卫生公平视角切入，对城市低端社区升级的经济、社会效益进行了系列研究，并且认为其应被视为能够实现"促进健康、公平发展和减少气候变化脆弱性"的一项关键战略。一方面，认为城市的非正规社区在健康方面将面临更具风险的社会决定因素（SDOH）；另一方面，他也强调政府决策和国家市政政策是人口健康的关键驱动力。因此他认为应将卫生公平纳入城市贫困社区升级，并指出两种做法：健康影响评估（HIA）和所有政策中的健康（HiAP），都植根于对地方和人口健康的关系分析，这一框架可能有助于进一步阐明如何设计和评估贫民窟升级项目对其潜在的健康影响。

社区作为人居环境科学五大层次之一，是城市中最基本的组成单元，在促进城市健康等方面具有举足轻重的意义。人口健康观点强调，卫生不平等反映了社会和经济资源在不同地区（如城市社区）分配中的不平等。物质资源能够在社区范围产生作用，进而产生健康差异。我国学者赵强（2012）通过对社区生态系统内源性循环与外源性循环之间关系的系统研究和细致梳理，详细介绍了社区生态系统健康评价指标体系的应用，并以中新天津生态城为例对指标体系进行了实践案例检验。

3. 城市规划与建设流派。

1998 年在英国出版的《艾奇逊报告》强调，政府和社会各部门迫切需要采取行动，解决日益严重的卫生不平等问题，仅靠医疗保健不足以扭转这一令人震惊的全球趋势。[①] 到 21 世纪，研究人员和实践者意识到环境卫生与城市规划决策之间的脱节正逐渐成为解决城市卫生部门连通问题的阻碍，因此他们尝试将二者重新联系起来（Frumkin et al. ，2004）。其中的一个范例是东部社区健康影响评估（ENCHIA），它对旧金山的规划决策产生了重大影响，也促进了整个旧金山湾区的健康规划和健康公平联盟建设。其做法包括：（1）确定拟议的分区重建政策对市民和社区的影响；（2）为保护和促进公众健康，就分区管制、具体规划以及交通和公共基础设施的有关变革提出建议。在 ENCHIA 之前，加州健康基金会（TCE）和政策链接（Policy Link）就已

---

① Acheson, D. , Barker, D. , Chambers, J. , Graham, H. , Marmot, M. , and Whitehead, M. The Report of the Independent Inquiry into Health Inequalities [M]. London：Stationary Office, 1998.

经开始了关于建筑规划对健康影响低的研究，随后的东部社区健康影响评估能够促进将健康公平纳入规划和土地使用决策。

健康城市的规划需要进行更细致的政策评估工作，韦恩（Wynne，2003）通过研究适应性管理和协作生态系统管理的实验，阐述了在复杂的科学决策网络中，城市规划在何处、由谁来实施、以何种方式以及产生何种效果等问题，并且强调了新的治理策略的必要性。

我国早期的健康城市研究者傅华、玄泽亮和李洋（2006）认为政府主导是健康城市重要的特点。通过考察中国健康城市的现状及特点，他们得出了结论和建议，即关注健康城市建设的过程，倡导多部门协作与社区参与；明确制定行动计划及考核激励机制；塑造与培育社会健康价值观与文化等。许从宝、仲德、李娜（2005）以总体性引介为目的，对健康城市运动的发展历程和基本理论成就要点进行了概括，随后结合城市规划专业，对健康城市的规划理论作出了框架性探索。就健康城市的规划与设计而言，一方面城市环境问题突显；另一方面城市居民对身心健康的诉求，需要物质空间支撑生活品质的提升。王兰、廖舒文、赵晓菁（2016）通过理论和实证研究，明确健康城市规划中重要的空间要素，分析不同路径下各类空间要素与健康的相关性。基于减少污染及其对人体的影响和促进锻炼两种路径，从土地使用、空间形态、道路交通、绿地及开放空间四方面阐述各规划要素与公共健康的关联，以期为健康城市规划和相关研究提供依据。

第三节　健康城市研究综述

健康城市逐渐成为促进城市可持续发展和改善人民生活质量的重要途径，同时也逐渐成为中国现代城市研究领域的重要议题，学术界多年的耕耘积累了比较系统的健康城市研究体系和合作网络。中国健康城市研究经过30多年的积累，已经由狭义的公共卫生领域议题转向广义的社会模式、生态和规划模式研究；由传统的医学卫生研究拓展到社会与行为的研究，而后逐渐过渡至城市规划与公共政策范式的系统探究。但与欧美国家相比，中国健康城市的研究起步较晚，相关的研究大多与中国健康城市的试点实践同步进行，关于健康城市的研究既有基础理论的研究，也有针对健康城市建设的实践研究。本书以健康城市为主题，分别在中国知网、维普数据、万方数据知识平台等数据库上检索中国从改革开放至2019年健康城市的相关研究文献，经过有效性筛选后，共检索出相关文献2296篇，剔除与主题无关的冗余文献后保留有效文献467篇。随后采用文献分析法对上述文献进行计量分析，划分并总结中国改革开放以来健康城市研究的阶段特征，并对健康城市研究的发文期刊、作者、机构的合作网络等要素进行基于Cite Space的可视化分析，得到健康城市领域的文献作者合作网络、主要研究机构的特征，并系统综述中国健康城市研究的主要内容和趋势。

一、国外研究综述

在全球化的背景下，全球学术交流越来越密切，科学研究的合作网络越来越发达，根据学者当前的科研需求与合作关系网络，寻求潜在合作学者，有利于增强学术交流合作，促进科学研究的健康发展。当前关于研究网络的研究，集中在跨区域的生态环境研究网络和科技管理系统的合作网络，如欧洲全球变化研究网络、中国生态系统研究网络、中国陆地生态系统通量观测研究网络、森林生态系统定位研究网络、航天领域研究网络、科技管理网络中的官产学合作研究网络等。在科研合作网络研究上，相关的研究成果比较丰富，如科研机构之间的合作网络、学者群体的合作网络、大学与企业之间的专利合作网络、府际合作、政府与非政府组织的合作、企业之间的合作网络等。在建立合作网络的基础上，一些具体的学科和研究领域是否具有成熟的全球合作网络，是该学科能否在全球范围产生影响力的重要标志，基于此认识，一些学者对国内部分学科的国际合作网络进行了系统的分析研究，如计量学、创新型城市的国际合作网络。

在世界城市化进程中，随着人类对健康和美好生活的不断追求，健康城市正逐渐成为促进城市可持续发展、推动健康促进、改善人民生活质量的新途径，健康城市建设成为城市发展领域的重要议题，截至2009年6月，欧洲成立了 30 个国家健康城市网络，涵盖了 1400 多个城市（城镇）①，学者们多年的耕耘构筑了比较系统的健康城市研究网络。总体上，目前关于健康城市网络的研究，主要集中在一些具体相关领域的研究，如健康素养领域的机构和作者合作网络、区域大气和健康治理的合作网络等，对健康城市研究领域的国内外学者、期刊、机构等合作网络的研究尚未开展。

（一）研究方法和数据来源

1. 数据来源。

本节的研究数据来源于 Web of Science 核心期刊数据库、Elsevier SDOS/SDOL 电子期刊全文库以及中国知网、维普数据、万方数据知识平台等数据库。

国外关于健康城市的研究文献主要源于 web of science 数据库、Elsevier SDOS/SDOL 电子期刊全文库，共检索文献 67619 篇。基于健康城市的英文数据的可获得性和庞杂性，本节对检索结果进行初步筛选，再通过对相关性进行排序，最终选取相关性最强和最具有代表性的文献 2282 篇。

2. 研究方法。

本节采用文献分析法对国内外健康城市领域的研究文献进行计量分析，通过划分研究的发展历程及构建相关知识图谱对国内外健康城市的主要研究主体、研究主题与热点的演变进行系统分析。通过文献整理，对研究主题、关键词知识图谱、文献作者、机构的合作网络等要素进行可视化分析，得到健康城市领域的文献作者合作网络、主要研究机构以及研究热点的演变发展历史，总结健康城市研究的特点。

（二）研究期刊与内容网络分析

1. 发文期刊网络分析。

通过对截至 2019 年以健康城市为主题的 2282 篇国外论文所属的期刊进行统计分析，共有 867 种期刊。从国外刊载关于健康城市研究文献数量排名

---

① 马向明. 健康城市与城市规划［J］. 城市规划，2014，38（3）：53－55＋59.

前 14 的期刊数据（见表 1 - 1）来看，国外关于健康城市研究的期刊主要是公共健康、卫生、社会医学和医学领域的期刊，如 *PUBLIC HEALTH NUTRITION*、*ACADEMY OF MEDICINE*、*SOCIAL SCIENCE MEDICINE* 等，还有着专门研究健康城市的杂志 *JOURNAL OF URBAN HEALTH BULLETIN OF THE NEW YORK*。这些期刊研究的内容相互关联，研究的内容分类也更加明确。

表 1 - 1   国外健康城市研究期刊前 14 名

序号	期刊	数量（篇）	比重（%）
1	*PUBLIC HEALTH NUTRITION*	61	2.27
2	*BMC PUBLIC HEALTH*	44	1.94
3	*PLOS ONE*	42	1.87
4	*JOURNAL OF URBAN HEALTH BULLETIN OF THE NEW YORK ACADEMY OF MEDICINE*	26	1.13
5	*INTERNATIONAL JOURNAL OF ENVIRONMENTAL RESEARCH AND PUBLIC HEALTH*	24	1.09
6	*SOCIAL SCIENCE MEDICINE*	21	0.96
7	*HEALTH PROMOTION INTERNATIONAL*	19	0.84
8	*APPETITE*	18	0.79
9	*AMERICAN JOURNAL OF PREVENTIVE MEDICINE*	17	0.775
10	*AMERICAN JOURNAL OF PUBLIC HEALTH*	17	0.775
11	*HEALTH PLACE*	17	0.775
12	*PEDIATRICS*	13	0.611
13	*PREVENTIVE MEDICINE*	13	0.611
14	*PREVENTING CHRONIC DISEASE*	12	0.590

资料来源：根据 Elservier 等外文数据库检索获取。

2. 基于关键词的研究热点动态特征。

通过对国外关于健康城市研究的关键词图谱和关键节点图谱分析，关键词之间形成了一个紧密联系的关键词网络。除去中心词"healthy city（健康城市）",排名前列的关键词依次是"environment（环境）""physical activity（体育健康）""public heath（公共健康）""obesity（肥胖）"等。可以看出,"环境""公共健康""体育健康""肥胖"等是国外对健康城市的核心研究主题。同时围绕着这些主题,又有对应方向的研究。围绕"环境"这一主题,有"体育活动""城市规划""传染""身体质量指数""精神健康"等关键词。这是从城市规划与人类身心健康的角度研究健康城市。围绕"体育活动"这一主题,有"环境""精神健康""公共健康""健康食物"等关键词。围绕"公共健康"这一主题,有"体育活动""城市规划""全民健康倡议"等关键词。可以看出,这些主题之间并不是一个独立的体系,而是相互关联的。它们之间通过直接或间接的方式联系在一起,共同组成了对健康城市的研究。

总的来说,国外对健康城市的研究已经形成了一个庞杂、紧密的关系网络,国外学者们在围绕健康城市展开研究的基础上,再围绕其相关主题进一步展开研究,主题之间有相互联系,从而形成一个层层递,又相互联系的关系网络。

（三）健康城市研究合作网络分析

1. 学者合作网络。

对 WOS 数据以"作者"为节点进行图谱分析,从国外学者的作者图谱来看,国外学者对于健康城市的研究偏于网络化。

作者之间形成了大小不一的多个网络,且多是三人以上的合作网络,少有一人单独研究。图谱中形成了四个主要的合作网络,即以 Nieuwenhuijsen MJ 为核心的网络、以 Green G 为核心的网络、以 Borrelli C 为核心的网络和以 Galea S 为核心的网络。除此之外 Corburn J 在健康城市的研究领域已经颇有建树,出版和发表了数十篇著作。国外关于健康城市的研究网络是一个多中心、联系密切的合作网络体系。

2. 机构合作网络。

以"机构"为节点类型进行统计分析,可以得知国外关于健康城市研究的研究机构之间的合作是一个错综复杂、密度较大的研究网络,总体上各个机构之间彼此联系，其中加州大学伯克利分校（Univ Calif Berkeley）、WHO、哥伦比亚大学（Columbia University）等机构发文量最多，尤其是加州大学伯克利分校，处于绝对的领先位置。这与加州大学伯克利分校以 John Corburn 为核心的研究团队成立了专门的健康城市研究院，成为国际上第一个系统开展健康城市研究的顶级学术机构有莫大关系。此外，WHO 作为代表健康城市研究的重要国际组织，在 1984 年首次提出健康城市概念之后，也牢牢占据健康领域研究的领军机构之一。

综上所述，本节借助计量工具对健康城市的国外文献数据进行分析，展现了国外关于健康城市的作者合作图谱、机构图谱和关键词图谱，挖掘了国外对健康城市研究的主要研究力量和研究热点。从作者的合作网络来看，国外学者之间已经形成了一个关于"健康城市"的高密度研究网络。从机构的合作网络来看，国外关于健康城市的研究机构之间也是一个高密度的合作网络。随着《"健康中国 2030"规划纲要》的实施，国外的一些关于"健康城市"的研究新进展也会影响我国健康城市的研究，相信我国健康城市的发展将会迎来进一步的上升和发展。

二、国内研究综述

（一）中国健康城市研究的阶段划分

中国健康城市研究的论文发文量总体上呈逐年递增之势，形成了以 2003 年、2016 年为时间节点的三个发展阶段。

1. 第一阶段：探索实践阶段（1979～2002 年）。

中国改革开放以来关于健康城市的研究最早可追溯到 1979 年重启的爱国卫生运动。1990 年代开始，世界卫生组织开始致力于改善全球健康水平，并将发展中国家健康问题列为重点。1994 年我国在 WHO 的协助下，在北京东城区、上海嘉定区先后启动健康城市项目建设工作，自此拉开了中国健康城市建设的序幕，中国正式加入世界健康城市网络。此后，海口、重庆、大连、保定、苏州等城市也相继开展健康城市的建设，其中苏州成为中国第一个向

WHO正式申报"健康城市"项目的试点城市。这一阶段主要还是政府层面的实践，虽然国内学者开始了对健康城市领域的试探性研究，先后有学者就健康城市的主题发表了自己的研究成果，但是总体上这一时期的论文数量还是较少，研究内容主要围绕着健康城市的内涵、公共卫生保健方面以及WHO和欧洲的实践与理论体系的剖析，尚未形成明显的研究氛围。

2. 第二阶段：起步发展阶段（2003～2015年）。

2003年暴发的"非典"疫情为中国城市建设与治理敲响了警钟，人民的健康意识得到了大幅的提升，中国健康城市建设实践与相关研究开始起步发展。这一阶段的相关研究主要聚焦于城市建设方向、城市社会与中国健康城市实践以及国外健康城市发展经验，更多的学者由传统的医学卫生研究拓展到社会与行为的研究，社会公平流派将健康城市的内涵由狭义的公共卫生拓宽至广义的社会模式，开始转向城市健康与环境、公共服务等因素的研究，关注到城市规划与健康的联系。苏州和上海健康城市的建设取得了显著成效，成为中国第一批健康城市典范城市。其中苏州接连召开了多次健康城市大会，并当选为全球健康城市联盟的5个理事城市之一。同时上海市启动了第一轮健康城市三年计划，全面开展健康城市的建设。为有效指导健康城市的实践，相关学者开展了健康城市的研究，健康城市相关文献的发文数量在2003年至2005年有了大幅度的增长。但是到2006年达到一个峰值之后，又进入一个平稳发展期，相关的文献数量并未持续的增长，健康城市的研究进入一个平台期并持续到2015年。

3. 第三阶段：快速发展阶段（2016年至今）。

中共第十八届五中全会将"健康中国"上升为国家战略。此后国务院发布《"健康中国2030"规划纲要》，明确提出要把健康城市建设作为推进健康中国建设发展的重要抓手，中国健康城市开始迈入全面发展阶段。2016年第九届全球健康促进大会在上海召开并发布了《2030可持续发展中的健康促进上海宣言》和《上海共识》，标志着中国健康城市建设全面进入国际视野。2017年在山东威海召开全国卫生城镇和健康城市工作经验交流会及健康城市研讨会，WHO驻华代表指出中国的健康城市建设给世界提供了中国经验。

2018 年，清华大学和《柳叶刀》联合发布《健康城市：释放城市力量，共筑健康中国》报告，分析了在中国快速城市化背景下城市所面临的健康挑战并提出了一些建设健康城市的具体建议。2019 年中国颁布《健康中国行动（2019—2030）》，中国健康城市的研究达到了一个崭新的阶段。在这一时期，随着国内健康城市政策的不断强化和各地实践的不断深入，学术界相关的研究成果开始呈井喷态势，2016～2019 年出现的期刊文献比例占总研究成果的一半以上，国内学者对于健康城市的关注达到了一个高峰，尤其是健康城市规划与建设领域的学者致力于构建完整的健康城市建设理论体系及设计应用策略，成果尤为显著（见图 1－2）。

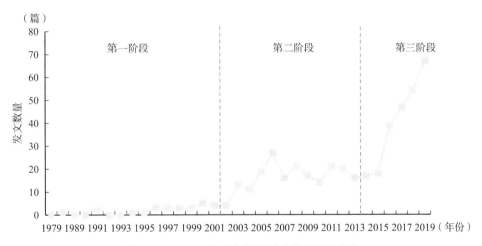

图 1－2　1979～2019 年健康城市发文数量变化

2020 年伊始，随着全球突发公共卫生事件的暴发，"健康中国"和"健康城市"被赋予了前所未有的重要性。2023 年，随着"十四五"规划的正式提出，《健康城市蓝皮书：中国健康城市建设研究报告（2022）》正式发布，聚焦"十四五"初期健康中国战略和健康中国行动的实施效果，发掘和研究2020 年度健康城市建设"样板市"的先进经验，分析和比较国内外健康城市建设各个领域的优势和异同，为"十四五"时期全面推动健康中国建设、促进健康中国共建共享提供理论借鉴和实践参考。

（二）研究期刊与合作网络

1. 发文期刊来源分析。

通过对467篇中国知网论文数据进行统计发现，共有236个期刊有刊登至少一篇以健康城市为主题的文章，其中刊载关于健康城市研究文献数量排名前15的期刊数据见表1－2。这15种期刊大致可以分为两类，一是医学卫生类期刊，如《医学与哲学》《上海医学预防》《中国公共卫生》等，这些期刊承担了早期健康城市研究的大部分成果；二是健康保健类期刊，如《中国健康教育》《江苏卫生保健》等；三是规划建筑类期刊，如《城市规划》《上海城市规划》《规划师》等，这一类是中国健康城市研究进入第三个阶段之后的主要期刊。其中在发表成果比重上，《中国健康教育》是刊载健康城市研究最多的期刊，其次是《江苏卫生保健》与《医学与哲学》，可以看出，在中国关于健康城市的研究主要关注医疗卫生保健领域和规划建筑领域。

表1－2　　　　　　　　国内健康城市研究期刊前15名　　　　　单位:%

序号	期刊	比重
1	中国健康教育	5.56
2	江苏卫生保健	5.35
3	医学与哲学	3.43
4	健康教育与健康促进	3.00
5	城市规划	3.00
6	中国初级卫生保健	2.57
7	上海医学预防	2.57
8	上海城市规划	1.93
9	规划师	1.93
10	常熟理工学院学报	1.71
11	中国公共卫生	1.71
12	国际城市规划	1.50
13	城市建筑	1.50
14	建筑与文化	1.50
15	中国卫生管理	1.28

2. 健康城市研究合作网络分析。

（1）学者合作网络。以论文"作者"为节点类型进行统计分析，可以得出中国健康城市研究学者的网络图谱，网络中单个节点的大小表示作者发表文章的数量，数量越多，节点越大；节点之间的连线反映合作关系的强度，合作得越紧密，联系越明显。

从中国作者合作网络图谱看，傅华、李金涛、陈柳钦、王兰、周向红等学者在网络中的节点影响明显较其他人显著，可以认为截至 2019 年，他们在健康城市这个领域的成果最为显著。从作者之间的连线来看，中国关于健康城市的研究主要形成了以傅华、许亮文、刘晓宁、梁鸿等为核心的几个小网络，其余的作者大多是独立研究，或者两三个之间进行合作，这表明中国学者在健康城市研究方面的合作程度仍然较低，学者合作网络还是一个较分散、联系密度低的网络。

（2）机构合作网络。以"作者机构"为节点类型进行统计分析，可以得出中国健康城市研究机构合作网络图谱。根据该网络图谱，中国研究健康城市的研究机构主要可以分为三类：一是各类高校院校，如同济大学、复旦大学；二是政府事业单位，如卫生局、爱卫办等健康领域相关单位；三是科学研究机构，如中国社会科学院城市发展与环境研究所，尚未有企业机构出现在合作网络图谱上。在具体机构上，排在前列的中国健康城市研究机构为同济大学建筑与城市规划学院、复旦大学公共卫生学院和常熟理工学院管理学院。

在网络连接关系上，存在着联系的机构一般是学校内部之间的合作，或是高校与政府事业单位的合作。总体上，中国健康城市研究机构还处于较为分散的状态，研究机构对于健康城市的研究还处于各自独立开展阶段，机构之间的联系和合作还比较少。

（三）健康城市研究内容

历经几十年的探索与发展，中国在健康城市领域的研究成果从单一的国外经验介绍转向网络化和深层次化的研究，研究主题与内容从健康城市的概念与内涵、健康城市的评估与界定，到健康城市的影响因素，再到健康城市的规划与管理，逐步形成了比较系统的研究体系，下文从健康城市的评价与

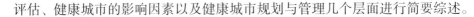

评估、健康城市的影响因素以及健康城市规划与管理几个层面进行简要综述。

1. 健康城市的评价与评估。

在健康城市研究的探索阶段，玄泽亮等（2003）在 WHO 的指标体系基础上构建了面向城市建成区的健康城市指标体系，并以上海徐汇区为案例进行了实证研究。谢剑峰（2005）系统研究了苏州市健康城市指标体系的制定与实践成果，研究发现苏州市指标分为核心、基本、发展三个板块。健康中国建设上升为国家战略后，健康城市的研究进入全面快速发展阶段，国内开展健康城市建设的城市陆续推出与时俱进的健康城市评价方法与指标体系。

首先是从健康城市实践角度出发，丁慧和陶诚（2016）探讨了青岛市"健康城市"评价指标体系。在全国爱卫颁布"健康城市建设评价体系"后，刘继恒和徐勇（2018）照其颁布的指标体系和评价方法计算了宜昌市建设健康城市的总指数以及五个方面的分指数，为宜昌市各个维度协调发展健康城市提供借鉴。博华等（2017）强调健康城市建设的评价指标要在遵循国家健康城市建设初衷的前提下，尽量突出各个城市的特色。

其次是对健康指标体系构成的系统梳理与比较研究。于海宁等（2012）比较分析了北京、上海、杭州以及广州的健康城市指标体系，得出这四座城市的共性指标，为其他城市制定健康城市的评价体系提供依据。黄文杰等（2017）通过对国内健康指标体系进行系统评价，发现大多城市依据健康影响因素进行分类，且多包含人群、服务、环境与民意四类。

最后是对健康城市的评估方法与实践的总结。陈钊娇等（2013）阐发了国内外健康城市评估方法，国外常用健康城市评估过程图、SPIRIT 框架和健康温度计的方法，国内常见的评估方式则为自我评估、上级评估与外部评估。

总体上，由于中国各地的经济基础、文化传统、医疗特色、健康需求与城市政府治理模式差异，各地建设健康城市的基础、背景与动力不尽相同，因此健康城市建设实践不存在唯一的评估标准，不应盲目照搬世界卫生组织和其他地区的评估标准和指标体系已经成为学界共识，各城市应结合本地区实际情况以及建设愿景制定能够科学反映居民健康以及公众、环境和社会共生共长状态，兼具选择性、综合性与进展性的指标。同时评价体系本质是对健康城市建设过程的监督与控制，重在让城市努力改善健康状态从而推动健

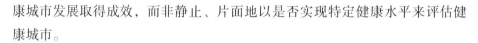

康城市发展取得成效，而非静止、片面地以是否实现特定健康水平来评估健康城市。

2. 健康城市的影响因素研究。

在城市语境下探索健康的决定因素需明确城市是包罗了经济、社会、政治、文化以及环境等要素的多向度复合体。在复杂的城市系统中，诸多要素以及要素之间的关联关系均对居民健康状况有所影响。社会因素、城市建成环境、大健康意识等因素形成了相应的正负效应，驱动或阻碍着健康城市的建设。

首先，在社会因素上，人们逐渐意识到仅仅依靠医疗服务不足以提升居民的健康状况，还需要健康友好型的社会环境支撑人的健康发展。傅华等（2006）以社会生态学视野深化了对健康决定因素的认识，强调环境（包含物质环境与社会环境）是对健康起主导作用的上游因素，又通过一定路径影响中游因素（心理、行为生活方式）以及下游（生物、生理）因素，成为"原因背后的原因"。随着中国社会经济与城市化建设飞速发展，众多学者开始关注城市化进程对于城市自然与社会环境形态的影响，寻求其影响公众健康的作用机理。齐君等（2008）以京津地区为研究对象，分析了城市化所带来的社会环境、城市环境以及气候的变化及其对健康所产生的负效应。刘志强（2008）详细探讨了城市化对健康的消极作用，从环境污染、精神负荷超重以及缺乏运动三方面论述城市化的社会威胁居民健康的方式。翁锡全等（2014）探讨了城市化进程中家庭环境、社区环境以及周边交通环境的变化对居民体力活动量与居民健康状况的影响。此外，还有学者聚焦于健康公平对于维系居民健康的作用，如刘丽杭等（2010）将生物学与健康的社会决定因素联结起来，从社会等级、儿童早期生活、社会歧视三个方面出发，论述了健康不公平的现象与健康的关系。

其次，建成环境对健康的影响也非常显著。董晶晶等（2009）认为城市不仅能提供健康的环境系统保障居民的身心健康，而且可以设计开发有利于居民开展健康促进行为的生活空间。她提倡利用城市空间的健康促进性，充分发挥城市建成环境对居民的健康维护与提升作用。李志明等（2015）认为有关建成环境与公众健康的研究可以细分为两方面，即城市规划的建设成果对居民体力活动的影响以及建成环境对健康饮食的影响，并且强调城市规划应以"公众健康"为价值源泉。王兰等（2016）从土地使用、空间形态、道路交通、绿地及开放空间四方面阐述了不同规划要素与公共健康的关联。

最后，健康观念与意识对健康城市建设的推动也非常重要。金琳雅等（2017）提出大健康观能够引导公众重视健康管理，缓和医患关系并缓解看病门槛高的问题。闫希军等（2017）认为大健康观强调人、社会与生态共同致力于健康，对创建大健康医学模式以及建设健康城市、健康中国都具有重要作用。

3. 健康城市的规划与管理。

中国各地陆续开展健康城市试点建设工作，推动了健康城市研究的热潮，吸引了越来越多的学者聚焦于健康城市建设、规划与管理的研究。

首先，在健康城市规划与管理的实践经验借鉴研究方面，国内学者通过剖析国外健康城市发展历程，总结城市规划对健康的促进作用，通过介绍欧洲健康城市运动为中国健康城市的发展提供借鉴经验。李丽萍（2003）从土地、交通、社会三方面简单归纳了国外健康城市规划的观点。杜娟和阳建强（2006）研究了欧洲城市规划与公共健康互动关系的发展演变。马祖琦（2007）通过回顾欧洲"健康城市项目"的运作流程与工作重点，总结出老龄化、城市规划以及社会因素三个方面对于欧洲健康城市建设的影响。周向红（2006）对加拿大多个城市的健康城市建设经验与教训进行了解剖和研究，分析了欧洲健康城市运动的实践过程，重点介绍了英国、波罗的海地区的案例，为中国健康城市运动建设及城市规划实践提供了借鉴性的框架，提出健康城市与中国传统的卫生城市在建设、规划等领域存在显著的差异。李煜和朱文一（2013）通过对标纽约城市公共健康空间设计，提出通过发挥建筑师和城市设计师对建成环境的设计和改造能力建设健康北京。

其次，在理论研究方面，许从宝、仲德、李娜（2005）对健康城市的规划理论进行了框架性的探索，认为健康城市的规划与设计面临城市环境问题突出与城市居民对通过物质空间支撑生活品质的提升并且保障身心健康的需求强烈之间的矛盾。许从宝和仲德崑（2005）认为城市规划从个人行为与生活方式以及社会和社区网络层面发挥健康作用，健康城市建设需要城市规划的全方位重新定向。在考察中国健康城市的现状及特点之后，他们倡导多部门协作与社区参与、明确制定行动计划及考核激励机制、塑造与培育社会健康的价值观与文化等。

再次是对相关学科理论和城市不同领域的应用策略研究。张晓亮（2018）主张从生态学的视角构建健康城市规划的理论框架推动健康城市的发展。宋思曼（2009）坚持健康城市规划中以人为本的核心理念，以城市建成环境的规划为建设切入点，构建了 8 个维度的健康重庆规划的建设重点与策略。谭少华等（2016）在城市规划视野下审视健康城市的建设，认为应促进政策法规的制定、学科交叉融合以及宣传教育并且提出了步行城市的主动干预对策。

最后是从城市规划中的细分领域寻求城市规划促进健康城市建设的路径。张洪波和徐苏宁（2009）提出了布局优化良好的城市交通网络，营建完善的步行系统从而促进城市健康发展。杨涛（2013）把交通定义为"城市的引擎、骨架和血脉"，提倡公交优先理念，主张规划健康城市交通体系为健康城市营造良好环境。刘军霞（2014）从城市绿化出发，主张改善城市园林绿化的合理布局来满足居民健康需求，保障城市健康发展。汪慧婷等（2018）从伤害预防和促进安全的街道规划设计策略保障健康城市的建设。任泳东和吴晓莉（2017）意识到儿童健康是城市健康重要组成部分，主张儿童友好型城市的健康城市规划策略。陈春等（2017）从老年人的身体质量与建成环境的关系出发为健康城市进行规划。

总之，中国健康城市规划建设与管理的研究成果尚未形成系统的成果体系，健康城市理念也还在与中国当前城市规划建设与治理的实践不断融合发展过程中。但是学界已经普遍关注到建成环境对于健康城市建设的重要作用并且倡导以城市规划为手段科学营造城市的建成环境与自然环境，合理利用城市土地来构建城市空间布局以建设健康城市。

三、研究述评

19 世纪的工业革命推动了社会生产力的迅速提高，推动了城市化的快速发展。然而在城市繁荣的背后是"城市病"的出现，这些"城市病"逐渐危及城市的方方面面，市民的身心健康受到严重威胁，城市的文明进程也因此被妨碍。健康城市在这样的背景下被提出，学术界开始开展对健康城市这一概念的探索。从19世纪开始对城市健康问题的关注，到1984年世界卫生组织（WHO）在"2000年健康多伦多"会议首次正式提出"健康城市"这一概念，欧洲各国开展了一系列的健康城市的项目实践。健康城市理念从1984年前的孕育时期开始，经历了30余年"理论－实践－理论"的反复论证与研究，国际对于健康城市的研究朝多学科融合的多元研究与深入的专项研究不断发展。

生态文明时代背景下，健康城市建设与管理成为学界和业界共同关注的热门领域。伴随着全球范围内健康城市理论的不断发展，健康城市的实践也不断得到普及和推广，目前健康城市已成为世界城市的重要发展方向之一。改革开放以来，我国快速的城市化进程同样伴随各种城市问题，健康城市也是中国城市发展的重要目标之一。健康城市这一概念自20世纪90年代被引入我国，国内学者开始开展对健康城市的研究，但与欧美国家相比，我国健康城市的研究起步较晚。国外的研究从早期注重城市的卫生和良好人居环境的物质空间环境，逐步转入关注种族平等、社会安全、社区文化、制度环境等软性健康领域。而国内的研究则还停留在注重公共卫生、物质空间形态的设施供给等层面。但基于我国健康城市的试点实践与国外理论的结合，我国对健康城市的研究也取得了不少的成果。尤其是自2016年"健康中国"上升成为国家战略后，我国相继颁布了一系列促进健康城市建设的政策文件，健康城市开始进入多学科学者的研究视野。围绕健康城市这一主题的文献数量迅速增长，成为当前国内学界的热门研究议题之一。

总体上中国健康城市研究的文献成果自改革开放以来逐年递增，但进展缓慢，虽然在2003年暴发的非典疫情短期带动了健康城市的起步发展，但是真正让中国健康城市研究进入快速发展通道的节点事件是2016年国家出台《"健康中国2030"规划纲要》。相较于国外比较系统的网络化合作体系，中国健康城市研究的合作还处于低密度、分散的初级阶段，尚未形成紧密的合作网络，形成了健康城市评价、机制以及规划管理等领域的研究热点。

随着"健康中国"战略的深入推进以及《健康中国行动（2019—2030

年)》的实施，健康城市研究与实践将受到更多重视，中国健康城市的研究也将会进入新的历史阶段。未来的研究将围绕如下几个方面继续强化：一是基于多学科交叉的健康城市基础理论研究，健康城市实践需要不断创新的基础理论指导。二是多学科的交叉研究，未来围绕健康服务、健康产业、健康环境、健康社会以及健康空间等领域，公共卫生、城市规划等学科以外，将会有越来越多来自经济学、社会学、管理学、地理学、生态学等相关学科的学者投入对健康城市的研究。三是对健康城市治理的研究，根据推进国家治理体系和治理能力现代化的要求，探讨如何加强健康城市治理过程中的循证决策及相关协同创新。

第四节　健康城市基础理论

健康城市是一个内涵丰富的概念，健康城市是以人为本的诸多追求的集合，健康城市是过去与未来的统一……为了更加科学地研究健康城市，需要了解与之相关的基础理论。本节首先从对应着身心健康这一基础内涵的医学与心理理论开始介绍，包括流行病学的基本理论、公共卫生的基本内涵、环境心理理论等内容，从如何研究以及促进人群中的身心健康的角度加以阐述；其次着重梳理健康以及行为与健康的关系，在明确健康的基本内涵和观念之后，探寻城市中居民的行为举止可能对城市健康产生的作用，从如何促进个体采取行动实现健康的角度打下理论基础；最后从公共管理的角度，介绍城市规划与公共健康的紧密联系，以及促进健康公平的治理理论，有利于更加科学地规划、建设、管理健康城市，实现"善治"的目标。

一、医学与心理学基础理论

健康城市需要居住在城市里的居民身心健康，身心健康包括了身体、心理的健康状态以及对社会环境的良好适应，这就需要医学和心理学的支撑。医学和心理学互相支撑，相辅相成，下文首先介绍流行病学的基础概念和相关理论，主要从疾病防治展开介绍；其次阐述公共卫生学的主要理论，主要从公共力量如何保护大众健康的角度进行梳理；最后针对人群在城市环境中的心理影响，以及心理与健康的关系，以环境心理理论为主进行介绍。

（一）流行病学理论

流行病学理论作为关注人群中的疾病与健康的理论，从医学出发对于疾病与健康在人群中的分布与传播进行了阐释，以病因－宿主－环境理论框架为发源的基础理论以疾病为重点，包括了分布、病因、预防，以及最重要的传染病流行过程的相关内容。另外，流行病学理论拓展了心理社会理论与社会原因理论两种理论框架，对于城市中复杂的健康问题更具备解释力。

1. 流行病学基础理论及概念。

根据流行病学统编教材第六版中的定义，流行病学是"研究人群中疾病与健康状况的分布及其影响因素，并研究防治疾病与促进健康的策略和措施的科学"[①]。流行病学从医学的角度出发，致力于促进城市中人群的健康，以研究疾病为主的方式，提供了打造健康城市卫生健康的基础理论。

（1）疾病的分布。流行病学的基本原理和理论基础是疾病在人群中不是随机分布的这一特征，所以描述疾病事件发生的时间、空间、人间（哪些人群）及发生多少等信息就十分重要，这在流行病学中简称为"三间分布"。具体来说，需要使用发病率、继发率、患病率、死亡率等指标来评判疾病的频率和强度。疾病在人群的分布受到年龄、性别、职业、婚姻与家庭、流动人口的影响，疾病的时间分布存在短期波动、季节性、周期性、长期趋势等特征，而在地域分布上受到自然地理人文条件差异的影响，在不同国家间、国家内不同地区间、城乡之间、局部地方性上存在差异。

（2）病因模型。建设健康城市需要对于病因具有较好的了解和把握，而现代病因的定义为：能使人群发病概率升高的因素，就可以被认为是病因，这是一种概率因果观而非决定论因果观。而基于这种因果观，流行病学发展

---

① 李立明. 流行病学 [M]. 北京：人民卫生出版社，2007：6.

了多种表达因果关系的概念模型。

　　生态学模型将机体和环境作为一个整体来考虑，常见的如动因－宿主－环境模型，又称流行病学三角（见图1－3），其中将启动性必要因素从宿主和环境中分离出来形成动因，动因主要指传染病病原体的遗留物等传染源。虽然流行病学三角对于非传染病的解释能力较弱，但是其具备的朴素合理性，凸显出动因、宿主、环境三者处于动态的平衡状态，防治疾病的传播也可以从这个三角出发寻求解决方案。

图1－3　流行病学三角

　　疾病因素模型（见图1－4）具备较强的操作性，将因素分为外围的远因与直接致病机制的近因，远因指流行病学中的危险要素（risk factor），对于城市中的疾病预防具有较大意义；近因对疾病的诊断和治疗的意义较大。疾病因素模型为城市预防疾病的产生与治疗疾病提高健康水平提供了科学的依据。

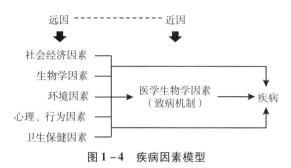

图1－4　疾病因素模型

资料来源：李立明. 流行病学［M］. 北京：人民卫生出版社，2007：6.

病因网模型将存在联系的多方面的病因按时间先后连接起来，构成多条病因链继而形成病因网（web of causation）。病因网中每个节点是前面若干因素的结果，是后面结果的原因，可以将病因系统性地、清晰地表达，阐释复杂的因果关系。对于城市这样一种开放的复杂巨系统，需要考虑到疾病因素网络上的每一个因素的多重影响，病因网模型很好地解释了城市中疾病流行的复杂性。

（3）疾病预防。城市的健康除了与流行疾病在人群中的传播有着直接的管理，更与偏向宏观的流行病学密切相关。宏观流行病从预防的角度研究针对群体的宏观战略和措施，不仅关注自然科学，也关注社会科学问题。随着对于人的健康水平的逐渐重视，健康观念的逐渐进步，人们意识到人群的健康与经济社会多方面相关，逐步出现了生态大众健康等观念。而汉考克等人提出了生态意义的人类健康模式（见图1-5），被称作人类健康的曼陀罗，而曼陀罗在佛教中被认为与宇宙息息相关，也表达出从自然、社会的方方面面进行疾病预防与促进健康的观念。

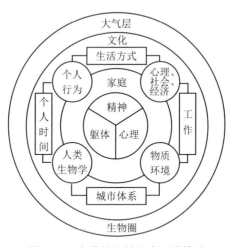

图1-5 人类健康的生态系统模式

资料来源：Hancock T, Perkins F. The mandala of health [J]. Health Educ, 1985, 24 (1): 8-10.

《难经·七十七难》中所谓"上工治未病"体现的就是中国自古以来对于预防疾病的重视，而在疾病预防的过程上一般会根据疾病自然史的不同阶段划分出三级预防举措（见图1-6）。其中，第一级预防又称病因预防，是在疾病尚未发生时，针对致病因素（或危险因素）采取措施，即预防疾病和消灭疾病的根本措施，一方面需要创造健康的环境保护健康，另一方面需要对有明确病因或具备特异性预防手段的疾病采取措施；第二级预防又称"三早"预防，即早发现、早诊断、早治疗，是防止或减缓疾病发展而采取的措施；第三级预防又称临床预防，目的在于防止伤残和促进功能恢复。

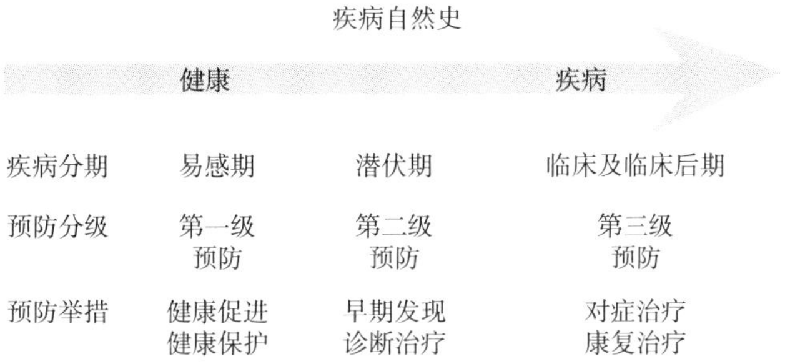

疾病自然史

	健康		疾病
疾病分期	易感期	潜伏期	临床及临床后期
预防分级	第一级 预防	第二级 预防	第三级 预防
预防举措	健康促进 健康保护	早期发现 诊断治疗	对症治疗 康复治疗

图1-6 三级预防与疾病自然史的关系

（4）传染病流行过程。城市作为人口密集的空间，与传染病的斗争贯穿整个文明发展史，而传染病的流行过程，一般为病原体从感染者体内排出，经过一定的传播途径，侵入易感者机体而形成新的感染，并不断发生发展的过程。传染病的流行需要三个基本条件。

一是传染源，指体内有病原体生存、繁殖并能排出病原体的人或动物，包括传染病的病人、病原体携带者和受感染的动物。受感染的人存在大量病原体，而一些病症又更加利于病原体的排出，可以划分为潜伏期、临床症状期、恢复期三期；另外则是没有任何临床症状但可以排出病原体的病原携带者，可以划分潜伏期病原携带者、恢复期病原携带者、健康病原携带者。这提醒我们对于传染源的防控不仅需要关注感染者，更需要对城市中更广泛的人群采取防控措施。

二是传播途径，指病原体从传染源排出后，侵入新的易感宿主前，在外界环境中所经历的全过程。经空气传播是呼吸系统传染病的主要传播方式，包括飞沫、飞沫核与尘埃三种，这种传播方式范围广、疾病发病率高，在居住拥挤和人口密度大的城市中高发。经食物传播主要为肠道传染病、某些寄生虫病、少数呼吸系统疾病的传播方式，这种方式来得快，潜伏期短，去得也快，停止污染食物的使用即可平息。除此之外，还有经接触传播、经土壤传播、医源性传播、垂直传播（母婴传播）等传播方式，城市中的传染病防控需要针对特定的传播途径做好切断与控制的措施。

三是人群易感性，指人群作为一个整体对传染病的易感程度。而导致人群易感性降低的主要因素有计划免疫和传染病流行带来的免疫力，而新生儿增加、非流行区域人口迁入、免疫力自然消退等因素可能造成人群易感性升高。

2. 心理社会理论。

除了从传统的病因理论角度理解疾病和健康的分布，心理和社会的原因对于流行病的影响在 20 世纪 60 年开始逐步得到了重视，这拓宽了从流行病学研究城市健康问题的角度，体现了社会的因素在社区健康中不可或缺的作用。

心理社会理论发展于"宿主－病原－环境"的简单框架，主要提出了环境或社会中的哪些因素以何种途径影响机体的抗病能力以及哪些人对环境中的病原体易感或不易感等问题。有学者认为"社会环境"由人与人之间的互动所产生的心理社会因素构成。心理社会因素包括社会阶级（social class）、社会无序（social disorganization）、社会剧变（rapid social change）、边缘状态（marginal status）、亲人离丧（bereavement）以及与上述因素作用相反的因素，即社会支持（social support）中的心理社会资源（psychosocial asset）。心理社会资源包括社会财产（social capital）和社会凝聚力（social cohesion）等，它们通过影响社会规范和增强"公民社会"（civil society）而促成人群健康状况（邓睿、李俊杰、严朝芳、张开宁，2009）。综合这些因素，可以解释为什么某些疾病在不同的特定社会人群中的分布不成比例。该理论的基础假设为："社会环境"通过影响神经内分泌功能改变宿主易感性，并结合改变宿主行为的方式，共同影响个体的健康水平。可以使用宏观、中观、微观三个水平的心理社会框架（见图 1－7）来解释人群中的健康差异的原因，这对于理解城市中的健康在人群的分布不均衡以及着手促进健康公平的城市社会正义是大有裨益的。

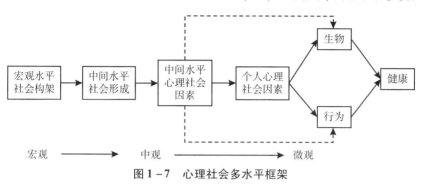

图 1 - 7 心理社会多水平框架

3. 疾病的社会原因理论。

随着医疗技术的发展，人群的健康虽然得到了提升，但是疾病与不健康依然在某些人群中分布更加集中，这引发了从社会和经济的角度研究健康差异的兴起，从政治经济以及更广泛的社会原因解释城市中贫穷人口等弱势群体的健康困境，这大大促进了城市健康的公平正义。

该理论观点起源于 20 世纪 60 年代的西方社会，其理论基础是政治经济学、马克思主义的哲学思想（包括唯物论）等。疾病的社会原因和政治经济对健康的影响更多关注健康和疾病的经济、政治决定因素。其基本假设是：社会人群积累和占有的资本不同，使他们处于不同的经济状况（如少数人富，多数人穷），进而对他们的健康产生不同影响。另一相似假设是：经济社会制度（institutions）和决策（decisions）产生、加强、巩固经济社会的特权和不公平性，而这些制度和决策是导致健康不平等的根本原因。简言之，该理论观点主要探究不公平权力关系（unjust power relations）和人际因素的相互关系，基于该理论观点开展的研究涉及经济社会的诸多层面，如收入不平等、政治经济体制调整和其他社会不平等（种族、社会性别、文化认同）对于健康差异的影响。

（二）公共卫生学理论

美国公共卫生专家温斯洛（Winslow）将公共卫生定义为通过有组织的社区努力来预防疾病、延长寿命和促进健康和效益的科学和艺术。可见其与流行病学的区别在于，公共卫生学从医学角度关注疾病本身，转向了从社会角度关注公共力量如何有效保卫大众健康的社会学问题，这可以反映健康城市中公共管理的范畴，对于如何建设健康城市更具有指导意义。下文将首先介绍公共卫生从经验认知到更为广泛的认知范畴的发展阶段，再梳理公共卫生的职能以及公共卫生的体系构架，为城市中的公共卫生建设研究打下理论基础。

1. 公共卫生的发展阶段理论。

公共卫生的发展阶段可以被划分为非专业阶段（nonspecific sanitation）、专业卫生阶段（specific sanitation）、专业防疫阶段（specific immunization）、非专业防疫阶段（nonspecific immunization）。

非专业阶段（1875 年以前）。最早的公共卫生起源于古希腊，一开始人们认为人体是装有四种液体的容器，并提倡远离极端的气候和环境。在 13 世纪至 18 世纪中叶，瘴气理论（miasma theory）认为污浊的空气表明病原体，该理论得到了重视和发展，影响了 18 世纪末 19 世纪初的公共卫生改革运动，其强调组织社区以控制"污浊的空气"，具体表现为修建城市基础公共设施，疏通排水系统避免污染的水和腐臭的空气。

专业卫生阶段（1875～1930 年）。这段时期"细菌论"开始盛行，该理论认为存在特定的传染病病原体，即细菌。"细菌论"为发现特定疾病和进行医学检查打开了大门，公共卫生开始从城市工程向高度专门化的研究转变，但是，在此期间，许多公共卫生和城市规划合为同一种实体。

专业防疫阶段（1930～1980 年）。在此期间，公共卫生领域出现了人类无法控制所有病原体的概念，生物医学的发展引发人们对免疫产生越来越浓厚的兴趣，于是出现了疫苗，以及一些提升身体健康水平的保健事业发展起来，公共卫生开始向专业防疫转变。为了提供这些有助于健康和防疫的公共产品，官员开始求助于专业的医生，于是公共卫生的模式从社会模式转变为专业医学模式。

公共防疫阶段（1980 年至今）。随着公众对健康的日益重视，公共卫生从业人员超越特定的防疫范畴，一方面，除了传染病以外，虐待、自杀、暴力等行为对健康的影响开始凸显；另一方面，公共卫生开始强调广泛的社区关怀，而非特定的意识形态。公共卫生领域正在寻找比传统防疫更为广泛的概念，建立新的公共卫生范式。

2. 公共卫生职能与体系理论。

（1）公共卫生职能（评价、政策制定、保障）。美国于 1988 年提出了公共卫生的 3 项基本职能，并于 1994 年进一步完善为 10 项基本任务（见表 1-3）。WHO 提出的公共卫生 9 项基本职能为：健康状况的监控和分析；流行病学监测疾病预防与控制；制定公共卫生政策和规划；对卫生系统和服务实施战略性管理以改善人群健康；制定和执行法律法规以保护公众健康；公共卫生人力资源发展和规划；健康促进、社会参与赋予能力；保证个体和人群卫生服务的质量；研究、发展和实施创新性的公共卫生措施。

表 1-3 美国公共卫生的职能和任务

职能	任务
评价	监控健康状况，确定和解决社区健康问题
	在社区中诊断、调查健康问题和健康危险
政策制定	告知、教育和赋予个体解决健康问题的能力
	动员社区合作和展开行动，确定和解决健康问题
	制定政策和规划，支持个体和社区的健康行动
保障	执行法律法规，保护健康，保证安全
	向个体提供所需的卫生服务，在其他方式难以获得时，确保卫生保健的供应
	保证高素质的公共卫生和个体卫生保健服务的人力资源
	评价个体和人群卫生服务的效果、可及性和质量
	开展研究，探索解决健康问题的创新性方法

资料来源：陶芳标，马骁，杨克敌. 公共卫生学概论［M］. 北京：科学出版社，2009.

（2）公共卫生体系。健康城市需要应对公共卫生的各种挑战建立完善的公共卫生体系。一是疾病预防控制体系，以国家及省、市、县三级疾病预防控制机构为主体，以社区卫生服务中心和村卫生服务站为基础，形成覆盖到村级全部医疗机构的疾病预防控制网络；二是卫生监督体系，卫生监督机构依法执行卫生监督执法任务，如依法监督管理食品等产品安全、依法监督管理公共场所卫生、依法监督传染病防治工作等；三是公共卫生应急指挥体系，一旦发生突发公共卫生事件，公共卫生应急协调领导小组按照事件的分级，迅速转为突发公共卫生事件应急处置指挥部，并成立相关工作组；四是医疗救治体系，由传染病医院或后备医院、呼吸道等传染病专科门诊、传染病病房（区）、急救指挥中心、急救中心等组成；五是监测预警报告信息网络体系，共享公共卫生相关信息，各部门行业根据突发公共卫生事件预警的需要，向卫生部门提供相关资料。

（三）环境心理理论

基于心理社会理论，心理对于健康具有重要的影响，心理不仅可以直接影响健康，也可以通过影响行为的选择间接影响健康。城市中复杂且差异巨大的环境对于心理的作用由环境心理学理论阐述。本部分将从环境知觉、环境认知、行为与环境的关系等理论揭示城市环境如何对居民心理产生影响。

1. 环境知觉与环境认知理论。

环境知觉输入的具体形式有所不同，但人们会运用知觉对周围环境的实际状况"描绘"出一幅幅"图画"或对其进行最佳猜测，即有时人们并不主动地借助视觉、听觉、嗅觉来感知周围环境，而是通过内心来体验它，既可以获得关于周围环境的事实和认识，同时还可记住通过经验习得对周围环境的情感反应。知觉呈现的信息通常都以意象或地图的方式在大脑中存储和再现。尽管感觉的生理过程建立在可观察的生理过程和事件基础之上，但所看到的这个"眼前"世界也包含着从个体经验和记忆中提取出的种种因素。总之，把这种想象和思考空间世界的能力称之为环境认知（environmental cognition）。

2. 环境–行为关系理论。

环境–行为关系理论是环境心理学的重要理论之一，重点讨论物质环境、人的心理、行为三者之间的关系。人作为环境的主体，会受到环境中各种因素的刺激，这些因素会对人的心理产生相应影响。心理上的变化会反映为主体的外在行为，并反作用于外部环境。外部的环境刺激是引发主体心理及行为活动的根本因素，环境–行为关系理论的研究重点便是外部环境对主体心理的影响。

3. 其他环境心理理论。

（1）唤醒理论。由于唤醒通常被看做控制和干扰许多不同类型的行为方式的变量，许多环境心理学家以此来解释环境对人的行为所产生的影响。环境刺激会提高唤醒的强度，主要表现在生理反应上的自主性活动增强，如心跳加快、肾上腺分泌增多等，也可能表现为行为反应上的肌肉运动增强。而唤醒程度对绩效有重要影响，根据耶克斯－多德森定律（Yerkes－Dodson Law），当唤醒水平为中等程度时，绩效最佳，当唤醒水平在这一最佳点上下浮动时，绩效就会逐步降低。在难度较大的任务中，唤醒的最佳水平点要比简单任务的最佳水平点稍低一些（见图1－8），即人类寻求的是中等程度的刺激水平，根据上述环境－行为的观点，能够预测拥挤、噪声、空气污染以及其他的环境刺激会增强个体的唤醒水平，其任务绩效也会随之发生变化。

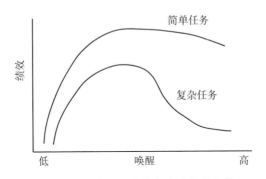

图1－8 耶克斯－多德森唤醒绩效定律

资料来源：保罗·贝尔，托马斯·格林. 环境心理学 ［M］. 朱建军，吴建平，译. 北京：中国人民大学出版社，2009.

（2）环境负荷理论。环境负荷（environmental load）或者过度刺激（overstimulation）理论也探讨了环境－行为之间的关系，该模型源于对注意力和信息加工的研究，尤其探讨了对新奇和意外刺激的反应，该理论将城市居民对于外部信息刺激的反应以及对于健康的影响联系在一起。该理论主要包括五方面内容。加工外部刺激的能力是有限的，每一次对输入刺激的注意力也十分有限；当来自环境的信息超过个体加工信息的最大容量时，就会导致信息超载（over-load），即忽略那些与手头任务不太相关的信息，但对有关信息则给予更多关注；当一个刺激出现时（或个体觉得这个刺激出现时），就会要求个体有相应的适应性反应，一个刺激越强烈、越不可预测或不可控时，它的适应性意义就越大，需要给予越多的注意力；一个人的注意力并不是一个恒量，长时间的注意可能会导致耗竭，在长时间的注意要求下，注意力的总容量会超出负荷，会导致心理错误的增加、注意力涣散和易怒；通过减少信息加工或者到有利于恢复健康和体力的环境，如林间小道、公园、电影院、动物园等，注意疲劳可以得到改善，这被称为注意恢复理论。对于信息爆炸时代中的城市，如何有效地传播健康信息，避免居民收到过度刺激的负面影响，是研究健康城市环境的一个容易忽略的方面。

（3）刺激不足理论。不少环境-行为问题来源于刺激不足。感觉剥夺（sensory deprivation）的研究表明，剥夺个体所有的感觉刺激会引发个体严重的焦虑及其他异常心理。有时候环境需要复杂并多样化一些，有利于个体恢复精力与维持健康，提高对周围环境的归属感。

（4）行为约束理论。在纷繁复杂的城市环境中，环境控制感对于城市居民的影响同样十分重要，行为约束理论提出了三个基本过程：控制杆丧失、阻抗和习得性无助。

当人觉得自己不能控制局势时，首先会有消极情绪，也可能会尽力重新获得对环境的控制，这种现象被称为心理阻抗（psychological reactance）。根据行为约束模型，实际上并不需要体验到失控感后才开始不停地进行反抗，只是预料到有些环境因素将会限制自由，就足以建立起远离他人的身体或心理屏障。如果人在重新获得行动自由的过程中，获得控制感的努力屡遭失败，会产生习得性无助（learned helplessness），也就是说，开始认为自己的行动对改变当前的处境无济于事，就会选择放弃获得控制。习得性无助常常会导致抑郁以及其他不健康的状态。

（5）环境应激理论。环境应激理论把环境中的许多因素看作是应激源，比如城市中的噪声、拥挤等。应激源被认为是威胁人的健康状况的不利环境，包括工作应激、婚姻不和谐、自然灾害、搬迁的混乱等。应激（stress）是一种调节或中介变量，被定义为对这些环境的反应，包含了情绪、行为和生理成分。生理和心理应激反应相互联系、不会单独出现，所以整合到一个理论中去，称之为环境应激模型，这将有利于解释城市的环境应激源如何影响居民的生理和心理。

二、健康与行为基础理论

健康在现代已经不是简单的疾病反义词，而是一个更加广泛、涉及社会方方面面的概念。对于健康城市的研究来说，了解健康的基本理论与概念，是必要的。健康与人体行为的关系是密切的，健康需要每个人对于自身的健康状态拥有良好的认知，并积极采取行动促进健康，所以健康与行为的相关理论也将被介绍。

（一）健康基础理论

健康观念自从医学的萌芽开始经历了长期的发展，最初在自然环境恶劣，人类的改造能力较弱的条件下，人的生理成为了健康的最主要内容，这也是躯体健康的观念，是健康观的一大基础。而随着生产生活水平的提高，人们认识到心理因素也能影响人的健康，由此形成了"躯体 - 心理健康"的概念，但是人们并不重视生物与心理因素的内在关联，人与环境、社会、自然的联系也不为人所重视。接下来，随着社会分工下的工业化大生产来临，个体之间的心理作用开始加强，人们认识到社会活动既能够直接影响躯体健康，也可以通过心理间接影响躯体健康，由此形成了社会观的"身体 - 心理 - 社会适应"的健康概念，随着社会快速发展，环境观也开始被健康领域所重视。在1946年，WHO章程中认为"健康不仅仅是没有疾病和体弱，而是身体、精神和社会上的完好状态"，突破了"无病"的低层观念，也强调了"与社会联系的个人"，即文化、政治、经济的影响，最后拓展到了群体健康。以上进步的健康观念是健康城市运动的许多理论的基础，健康城市同样不是无病的城市，而是身心健康，社会融洽的一种和谐状态。

1. 健康衡量标准。

根据上文 WHO 对健康的而定义，可以了解到健康不局限于生命体的健康，健康衡量的标准包括生理健康、心理健康、社会适应良好这三大方面。

生理健康是指人体没有任何疾病的一种状态，各种生物参数都稳定地处在正常变异范围内，世界卫生组织提出的衡量标准主要有胃口良好、营养均衡、体态均匀、没有疾病、体质强健、代谢通畅、抵抗力强、精力充沛、睡眠良好、头脑敏捷、活动自如等。

心理健康指人的心理活动过程处于良好的正常状态。判定人心理健康的标准包括性格温和、意志坚强、感情丰富、轻松愉快、情绪平稳、自控力强、豁达乐观、积极向上、是非分明、有公德心、遵纪守法、自尊自爱、知足常乐、兴趣广泛等方面。

社会适应良好指人体对外部环境（自然的和社会的）日常范围内的变化有良好的适应能力，包括处事能力良好、人际关系良好、环境适应良好三个方面。良好的空间环境规划对促进各阶层市民间消除隔阂、和谐交往行为的发生大有裨益。

2. 健康影响因素。

人类健康的影响因素大致可以分为生理因素、心理因素、行为因素和环境因素四个方面。一是生理因素，指影响健康的生理学方面的原因，主要包括生物遗传因素和各生理系统的生长发育状况、功能状况等；二是心理因素，指对健康产生影响的心理方面的原因，包括认知、动机、情绪、人格等；三是行为因素，指对健康产生影响的个体行为方面的原因，包括饮食行为、学习和劳动、体育锻炼和文娱活动，以及吸烟、酗酒、交通事故等各种生活方式因素；四是环境因素，指对个体健康产生影响的环境方面的原因，包括季节和气候等自然环境因素以及卫生保健设施等社会环境因素，如微生物和寄生虫等生物因素以及气候、温度、震动、辐射、化学毒素，社会、经济、文化等因素。

3. 健康梯度理论与健康扇面、层次理论。

20 世纪 80 年代，人们对健康的决定因素进行了大量的研究并形成了众多的健康模型，其中较为著名的是健康梯度模型、健康扇面模型与健康层级模型。

健康的梯度模型描述了这一系列因素对个人健康改善的影响。该模型认为，各种社会因素共同作用才能改善个人健康。如果仅对某一因素进行改善，那么对整体健康的改善作用很有限。因此传统中只注重对个人身体条件和生活方式的改善，并不能彻底减轻个人健康面临的全部压力。而只有通过对这些相关因素的共同作用，才能较好地显现健康改善的效果。因此相关领域和部门都应该承担责任，展开有效行动，这样才能有效地缓解个人健康所承受的压力（见图 1 − 9）。

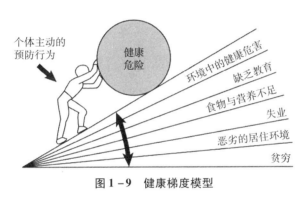

图 1 − 9　健康梯度模型

资料来源：World Health Organization. City planning for health and sustainable development［J］. European Sustainable Development & Health，2000.

怀特海与达尔格拉瓦（Whitehead and Dahlgrava，1992）所作的健康扇面模型从整体社会经济、文化、环境条件到社会与社区网络再到个人条件，是从宏观条件到区域再到个体层面的健康因素剖析。最外层，是各层因素产生与作用的总体背景层，它虽然不能直接作用于个人，但它通过决定其各内层因素的标准水平来发挥作用。生活与工作条件层面涵盖了众多的因素，既能直接作用于个人的健康状况，又会对其内层的社会与社区网络、个人生活方式以及遗传等因素产生决定性的作用，如就业状况和受教育程度等，它们决定人们的收入，进而决定人们会处于何种社会网络以及社区中，于是对其后的层级产生连锁式的影响。社会与社区网络层，决定人们能否获得互助支持，人们之间的相互交往是被促进还是削弱。个人行为与生活方式层，受到社会与社区网络、生活与工作条件的调控，如通过社会交往、邻里关系等给人们提供各种行为准则。最内层的年龄、性别和遗传因素虽是不可改变的，但它们被外层那些可以改变的因素包围着，能引起下一代的遗传状况的改变。于是，这些因素由外向内逐层产生影响，并最终体现为个人的健康状况（见图1-10）。

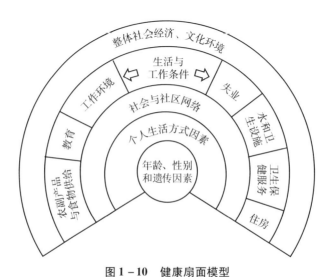

图1-10 健康扇面模型

资料来源：Dalghgren G，Whitehead M. Policies and strategies to promote social equity in health. Background document to WHO – Strategy Paper for Europe［J］. Arbetsrapport，1991，14：1063 – 1069.

劳克林与布莱克（Laughlin and Black）的健康层级模型显示了一定范围内健康决定因素之间的层级关系。作为目标，良好健康状况处于层级顶端，它的实现有赖于其他基础的建立，任何一个层级对健康的努力，都需要较低层级的工作产生的基础支撑。这种层级相互关联、互为支持的关系，意味着任何旨在改善健康的行动，必须同时涵盖多个层级，而这些层级所形成的社会经济背景对健康有着综合的决定作用。这引发了人们通过与健康相关的所有领域、团体以及个人，展开积极有效的改善健康的行动的构想（见图1-11）。

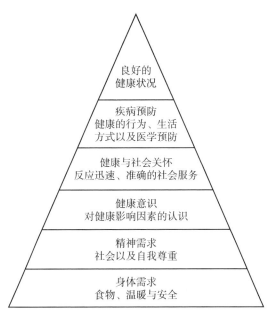

图 1－11　健康层级模型

资料来源：World Health Organization. City planning for health and sustainable development ［J］. European Sustainable Development & Health，1997.

（二）健康行为改变理论

在城市治理中对于健康与行为的关系虽然早有关注，但是真正的科学研究还要从健康行为改变理论的发展开始。根据行为学原理，健康行为改变理论认为，环境对行为有着强烈的制约作用，而良好的环境条件，将促使行为动机得以实现并能促进新行为形成并能巩固维持，确保各种对健康产生影响的危险因素得以控制（杨廷忠，2007）。相反，恶劣的环境条件将刺激各种危险因素的滋长。

1. 健康信念理论。

健康信念理论强调运用个体的态度和信念来解释和预测各种健康行为，其核心部分包括四种与行为转变紧密相关的信念，包括感知到疾病的易感性；感知到疾病的严重性；感知到行为转变的好处；感知到行为转变的障碍。

运用健康信念理论对城市居民的健康行为进行解释和预测，干预疾病的预防与治疗，了解个体不愿意参与疾病预防的原因，从信念的角度分析个体参与健康促进的行为转变方式。但该理论缺乏健康促进中的一个重要因素，即"自我效能感"，而且感知到疾病的严重性对健康促进中的个体行为改变的作用较小。该理论最大的问题在于它的四个维度是平行的，让健康促进中的行为改变问题变得过于简单而受到诟病。

2. 保护动机理论。

环境和个体中有关健康威胁的信息引发个体出现威胁评价和应对评价两个认知过程，个体威胁评价和应对评价共同形成保护动机，继而促进行为的发生或保持。

保护动机理论是健康信念理论的发展和延续，它更好地解释了健康促进中人们行为转变的具体过程，对健康城市的建设具有重要的指导意义，在该理论中加入了自我效能感，使健康城市建设中调动人们的积极性有了理论依据。该理论的缺陷是未将四个因素整合起来研究，不能使健康促进中行为改变的各个过程有机串联。

3. 计划行动理论。

认知因素在个体健康行为、道德行为和其他行为产生和改变中有重要作用。人类的行为具有理性的特点，行为意图是影响行为发生转变的最重要的预测因素，是行为改变的直接决定力量。同时，行为意图又受到行为态度和主体规范的影响。

计划行动理论强调健康城市的建设首先应该使这个项目的参与者，即各个城市树立建设健康城市的目标（行为目标设置），接着再将健康城市建设与治理付诸实践。其局限性在于只是一个单一的目标设置理论，而没有提出健康城市建设与治理过程的实质性操作模型。

4. 多阶段改变理论。

个体健康行为变化经历了前沉思、沉思、准备改变、行动、保持五个阶段，每个个体是否能从一个阶段过渡到另一个阶段取决于每个阶段的认知过程，认知过程和五个变化阶段的整合最终解释了个体行为的改变。

多阶段改变理论强调自我效能感对行为改变的重要作用，在健康城市的建设治理过程中，人们对每一阶段的行为认知具有很大差异，同时强调了自我认知对行为改变（健康促进）的重要性，被广泛运用于健康行为改变之中，对健康城市建设有巨大的作用。该理论的局限性主要是停留在认知层面，缺乏环境对行为改变的探究，即不能从社会环境层面对健康城市建设提出理论参考。

5. 行为主义学习理论。

行为主义学习理论也称作刺激－反应理论，行为主义强调行为主要由外部环境决定，个体之间的行为差异可以解释为每个人对环境刺激独特的条件反射模式。人类许多正常或异常的行为反应包括健康习惯都可以通过操作条件反射机制形成或改变。行为学习的发生是尝试错误的过程，习惯的形成是对某种特定反应或行为进行奖赏的结果。

行为主义学习理论提示健康城市的建设措施需要针对如何刺激居民的健康行为作出调整，以培养居民良好健康的刺激反应习惯，通过各种有效的刺激措施、奖赏惩罚举措来促进居民提高健康观念以及健康行为的产生。

6. 社会学习理论。

社会学习理论有六个维度。其一为符号化，人们使用符号把观察到的经验加工成为榜样，用来引导他们的行为。其二为预想，人们计划他们的行为、预期结果，并决定达到想要的表现水平，这样的行为干预会得到较好的效果。其三为观察学习，人们观察别人在特定情境中的行为及其结果，当他们在面临相似情境时就会模仿被正强化的行为。人们的很多健康行为模式都是通过模仿学习而获得的，大多数儿童的健康行为是通过观察长者和父母的行为而习得的，一般而言，人们模仿的榜样通常是他们所崇拜的，这些榜样具有外表、气质、成就和社会地位等方面的优势。在行为改变活动中常可以使用榜样示范策略，从而对他人产生带动作用，而观察学习不必直接对刺激做出反应，也不须亲自体验强化，只要通过观察他人的行为及其所接受的强化就能完成学习，这种不必亲自体验而只需通过观察他人便能得到的强化，称为替代强化（vicarious reinforcement）。其四为行为监控，指人们对于自己行为的监测和控制，通常通过将自己的表现与主观标准比较而进行控制。其五为自我效能感，指人们对自己在特定情境中完成某项任务的能力的评估，研究表明自我效能与健康状态和很多健康行为都有密切的关系，高自我效能的个体健康危险行为改变成功的可能性更大。

健康城市可以利用社会学习理论来塑造健康的符号化榜样，促进居民自我模仿学习这种健康的榜样，通过提升自我效能感，改变不健康的行为，促进社会健康的氛围。

7. 认知理论。

认知理论认为环境刺激往往不能直接导致健康行为的出现，须经过人们对刺激的评价和对行为的认知，不合理的认知会产生不合理的行为，通过改变人们的认知过程和由这一过程所产生的观念，就可以达到改变健康行为的目的。认知学习理论是认知理论的一个学派，其认为大量的行为选择是通过人的思考和问题解决而发生的。当人面临一个问题时，有时会很快想出解决问题的办法，但更多的情况则是倾向于搜集相关信息进行分析从而做出理性决策。其强调人的认知过程对行为的支配，包括对信息的复杂的心理加工过程，涉及对信息的保存和提取等。

这提示健康城市的建设过程中，不仅要考虑传播的信息，更要考虑当地的居民的认知特征，采取更容易被理解和接受的方式促进健康观念的传播，通过改善居民的认知评价，提高健康促进举措的效率和居民认同感。

8. 人本主义理论。

人本主义理论是由以马斯洛（Maslow A H）和罗杰斯（Rogers C R）为代表的学者提出的。这一理论强调个人责任、自由意志和自我实现等对行为的主导作用。该理论认为，人的行为虽然受自身的基本需求驱动，但人的行为是在主体意识支配下发生的，人具有认识能力、具有自我实现的潜能。马斯洛的人本主义理论认为需求是人类的行为的驱动力，提出人类具有五个层次的需求，即著名的马斯洛需求层次理论（见图1-12）。

图 1 - 12　马斯洛需求层次理论

资料来源：龚金保. 需求层次理论与公共服务均等化的实现顺序［J］. 财政研究，2007（10）：33 - 35.

人的自我实现要求对于健康的追求也要考虑居民的主观意识，居民的健康追求可能是多层次的，不同层级的需求对应着不同内涵的健康需求，需要在满足基本的健康需求的前提下，逐步实现高级的健康需求，顺应人的自我实现的力量。

9. 心理动力理论。

心理动力理论认为人类的各种行为主要受内在本能活动的驱使，与一些潜藏在内心深处的无意识冲突、冲动、欲望等有关。在这一理论看来，行为问题无疑是内心冲突的象征，只有揭示这些冲突，行为问题才能得到根本的解决。其所使用的方法主要是自由联想和梦的分析等，侧重探讨人的本能、需要、动机、情感、无意识及人格等深层心理问题，强调童年早期的经历和心理创伤对成年后行为的影响。

心理动力理论更侧重对于居民心理健康的关照，关注本能的需求的实现以及矛盾的化解，这一理论认为城市中需要具备一定的心理健康机构和设施，需要对居民的心理健康提前进行干预。

（三）健康传播理论

健康传播学理论是健康城市建设重要的理论基础，对宣传健康知识，加强人群对健康促进的参与度，密切社区健康网络具有重要的作用。健康传播学于 1992 年由杰克森（Jackson）首先提出，其核心观点是"健康传播就是以大众传媒为信道来传递与健康相关的资讯以预防疾病、促进健康"。美国学者罗杰斯（Rogers）在 1994 年提出一种界定，认为"健康传播是一种将医学研究成果转化为大众的健康知识，并通过态度和行为的改变，以降低疾病的患病率和死亡率、有效提高一个社区或国家生活质量和健康水准为目的的行为。"一是社会系统制约作用理论：社会情境对个体的心理、社会行为具有影响、制约的作用。二是使用与满足理论：通过分析受众的媒介接触动机以及这些接触满足了他们的什么需求，来考察大众传播给人们带来的心理和行为上的效用。在健康城市的建设过程中，必须向城市居民传播"健康城市"对解决城市化进程中出现的各种问题的重要作用，以及健康促进策略对改善环境、提升人们的生活品质方面的重要意义。三是创新扩散理论：通过媒介劝服人们接受新观念、新事物、新产品。"健康城市"这一概念在诞生之初是一种新兴观念，运用创新扩散理论可以帮助人们大胆尝试这一新观念，在意见领袖（早期健康城市的探索者）的推动下参与进来，获知健康城市的相关概念，促使人们广泛参与到健康促进中去。四是文化规范理论：大众传播经常报道或强调某事物，就会在受众中造成某事物是社会文化规范的印象，从而促使受众去模仿，结果就形成了间接影响。"健康城市"经过广泛的传播，使人们认识到在这一项目推进中的相关概念和自身的相关性从而能够积极投入进去。

健康传播途径包括：一是运用大众传播媒介与人际传播技巧，有针对性地把健康信息传播到目标人群，提高目标人群的健康知识水平；二是运用人际传播与社区发展的技巧，提高人群参与健康促进的主动性，促进人们主动建立健康的愿望与获取健康的信息；三是运用示范、实际操作等技巧，指导人们参与个人与集体健康问题的实践，掌握促进健康的各种方法与技巧；四是运用社区动员、社区活动以及部门间合作的技巧，开发社区的潜力，维护健康促进已建立的成果。

三、城市规划与治理理论

城市规划与城市治理作为实现"城市让生活更美好"这一理念的重要工

具与理论，从瘴气学说开始便与公共卫生和城市健康紧密相关。城市规划以人为本，通过对于城市空间的利用、组织，建设城市健康设施，合理安排功能区域的布局，设计舒适绿色的街区和开放空间，追求城市居民的身心健康与社会公平正义的实现。而城市治理从官僚政府开始不断发展，演变为更加多元的参与，更加科学的决策，更加有效率的管理，在保障促进居民健康之中实现了公共利益的最大化。

（一）城市规划理论

1. 公共健康与城市规划的关系演变。

公共健康与城市规划两者的发展历程是不可分离的，作为城市规划的重要规划目标之一，公共健康的理论发展促使城市规划不断创新，应对疾病与健康不公平的城市弊病，而城市规划也影响着大众对于健康的诉求，各种规划理念得到了审视，公共健康随着城市规划引发的讨论而逐步前进。

总的来说，在医疗手段发展成熟之前，城市规划随着公共卫生的指导理论的发展而不断演进，从一种辅助公共健康工程与举措实现的工具，到成为解决健康不公平的重要手段，城市规划与公共健康的关系不断加强。在医疗技术成熟之后，公众对公共卫生与城市规划的科学性和进步性不断提出疑问，健康不公平的问题得到更加普遍的认知，此时城市规划逐渐成为解决这些问题的重要方式，随着世界卫生组织发起的一系列健康城市项目的开展，城市规划与公共健康领域，在社会学的层面紧密地联系在了一起。

1900 年之前，瘴气学说与卫生城市。19 世纪末之前，城市工业化迅速发展，过度拥挤的住房、工业污染以及城市缺乏良好的环境、饮水及食品卫生，致使传染病大规模蔓延，人类及城市的健康状态都相对较差，伤寒、霍乱和黄热病等传染病相继暴发。当时的医学水平下，人们认为瘴气和浑浊的空气是病原体的核心代表，而各类疾病的暴发是导致城市不健康的首要因素。所以城市的健康政策以改善城市卫生为主，世界各地纷纷举行与促进城市健康有关会议。1842 年在英国召开了第一次会议，详尽阐述了贫民窟居民的生活状况，为改善他们的生活环境，会议成立了城市健康协会分会，由此协会来负责推动一切城市健康问题的解决。

在这一阶段，工业污染因素的受重视程度大于不适当的城市规划给人类带来的不健康因素，因此城市规划与城市健康的重要性并没有被充分认识，卫生服务部门的作用被放大，城市规划只作为卫生部门促进健康的一个改良手段被提出来。例如纽约市在 19 世纪中期进行的卫生改革依靠城市规划的辅助来改善贫民窟的居住条件，建造饮用水和废水系统。但是城市规划与卫生的关系依然在这种合作中得到了一定的关注，公共卫生的改革引起了土地利用规划的变革，人们认为城市中需要为拥挤的生活提供一些开放的绿色空间，曼哈顿中央公园就是在这一时期被设计和建设的，对于贫民窟健康状况的重视也促使城市规划将地图作为伸张城市社会正义的工具。

1900～1920 年，细菌理论与科学城市。1900 年至 1920 年，公共卫生界逐渐意识到瘴气学说和传染病的传统观念无法解释城市卫生出现的一些问题。为了更加科学地研究疾病从何产生，公共卫生转向了细菌理论，该理论指出微生物是引起各种传染性疾病的一个重要因素，医疗的方法开始取代物理上的工程建设，旨在消除可能引起各种传染性疾病的细菌。

在这个阶段，公共卫生与城市规划的任务逐渐分离，城市规划领域一方面通过规划卫生保健设施的方式保障城市健康，另一方面利用科学的数据进行支撑，以社会科学家的身份参与到促进城市健康的正义与公平行动中来，不断地改进城市规划的方案，出现了分区制、邻里单元、田园城市等促进城市健康的新规划理念。

1920～1960 年，生物医学与病原城市。生物医学理论在第二次世界大战之前开始成为公共卫生领域的引领者，该理论将发病率和死亡率归因于个体生活方式、行为、遗传生物和遗传学带来的分子水平的病原体，吸烟、饮食、运动对于健康的影响得到更多的重视。同时，新的政策将公共卫生活动与空间和社会联系起来，官僚政府开始主导公共卫生的发展，重新展开了公共卫生的建设活动。一些对于经济剥夺、身体特征和健康联系的研究得以进行，种族间的健康不公平得到了大规模的证据。

为了消除贫民窟和进行战后的重建，公共住宅与城市更新逐步发展起来，经济的衰落也使得去工业化的潮流逐渐显现，在健康观念的引领下，郊区化凭借郊区良好的环境也逐步兴起。城市规划体现了这些经济社会环境上的转变，现代主义的超级街区等城市规划理念开始出现。

1960～1990 年，危机与运动城市。在 20 世纪 50 年代末，城市规划和公共卫生都处于一种危机之中，社会组织运动家开始质问为何经济日益繁荣以及医疗技术进步的情况下依然存在健康的不平等现象，尤其是城市中的有色人种和贫穷居民，这种运动下引发的公民行动成为将规划与健康联系的桥梁。

公众对于现代规划造成的社区中邻里关系冷漠的不满在简·雅各布斯的《美国大城市的死与生》中得到明显的体现①。而随着卡森的《寂静的春天》的流行，工业污染对于健康的联系被广泛普及②，在环境污染得到重视的同时，公共卫生与规划的科学和进步性得到重视。在 20 世纪 80 年代初，全球健康城市运动开始兴起，世卫组织欧洲办事处于 1986 年创建了健康城市项目，开始以要求城市卫生计划等工作的形式将城市规划与公共卫生重新结合起来，对于健康城市的发展产生了重要的影响。

1990 年至 21 世纪，社会流行病学与健康公平城市。流行病学的发展使人们对疾病在人群中的分布有了科学的认识，而人群间的健康不公平的问题也凸显出来，对于弱势群体的健康促进项目开始相继进行。但是专注于个体疾病的危险要素的生物医学逐渐与关注邻里条件、贫困、医疗资源的社会流行病学分离。研究者认为，城市规划与公共卫生决策的脱节日益成为解决健康差异的严重障碍，相关的研究也在不断地探索之中。

2. 城市规划理论与健康观念。

田园城市的健康观念。霍华德的田园城市是一种比较完整的规划思想与实践体系，它摆脱了传统规划主要用来显示统治者权威或张扬规划师个人审美情趣的旧模式，提出了关心人民利益的宗旨，是规划思想立足点的根本转移。田园城市保证了城市绿地系统和城市生态网络格局，确保了城市环境的自净与健康。在英国工业城市发展污染严重、生态环境恶化的情况下，谋求通过适度规模、协调共生的城镇群体来取代工业城市的发展之路。此外，田园城市以健康社会与健康环境共同改善为目标导向，将物质规划与社会规划

---

① 简·雅各布斯. 美国大城市的死与生［M］. 金衡山，译. 南京：译林出版社，2005.
② 蕾切尔·卡森. 寂静的春天［M］. 吕瑞兰，李长生，译. 上海：上海译文出版社，2007.

结合在一起，致力于实现消除贫困与疾病等社会正义的目标。

盖迪斯综合规划的健康观。盖迪斯把生物学、社会学、教育学和城市规划学融为一体，创造了"城市学"的概念，提出既要重视物质环境，更要重视文化传统与社会问题。盖迪斯首先提出了区域协同的综合观，提出人类社会必须和周围的自然环境在供求关系上相互取得平衡，才能保持活力。他主张成立区域的健康联盟，与周边其他城市和自然系统形成相互资源供给和物质流通的支持系统，从源头上解决资源能量的流动供给，这是目前世界卫生组织提出的健康城市建设的终极目标。

现代主义城市规划的健康观。现代主义建筑师中的不少人希望通过新的建筑设计、城市规划来建立良好的社会，促进社会正义，以避免流血的社会革命。现代主义运动影响下柯布西耶提出的"集中主义城市"与赖特提出的"广亩城市"，分别是集中与分散的代表理论。城市空间增长的聚集与分散是城市发展的两个方向，使城市在聚集经济效益和分散生态效益之间博弈，其发展瓶颈则在于一个"度"的把握。这个时期的城市规划思潮是积极、乐观、向上的，带有精英主义者们明显的社会责任感与使命感，将城市规划视为可以改变城市发展的主要手段，不仅在健康环境层面追求更高的目标，而且深入研究城市规划担负起的社会责任，对社会健康进行了探讨。

《雅典宪章》中的健康理念。在现代建筑运动的推动下，诞生于1933年的《雅典宪章》明确提出城市按照功能分为生活、工作、交通和游憩四个方面。该宪章强调了经济原则和功能原则对于城市规划的极度重要性，在思想上认识到城市中广大人民利益是城市规划的基础，强调人的需要和以人为出发点的价值衡量是一切建设工作成功的关键，并要求以人的尺度和需要来估量功能分区的划分和布置，尽量避免交通、工业对于健康生活的负面影响，为现代城市规划的发展指明了以人为本的方向，建立了现代城市规划的基本内涵。

有机疏散理论的健康观。有机疏散是把拥挤的传统大城市在合适的区域范围分解成为若干集中单元，并把这些单元组织成为在活动上相互关联的有功能的集中点，彼此用绿地隔离开。有机疏散理论的健康智慧在于通过建设隔离绿地防止大城市的盲目发展，为构建城市生态安全格局提供良好的区域绿地基础。同时，功能置换分散降低城区建设密度并重视重组城市功能。

城市人文生态理论与社区邻里理论。城市人文生态研究注重复杂社会化问题，提倡文化延续与生态平衡，核心是提倡人与自然、社会与生态的和谐共存发展，是健康城市建设最理想的模式。社区邻里理论是现代住区建设的基础理论，邻里住区是城市组成单元，可看做组成城市的细胞体，在邻里单位内的交通、公共服务设施、绿地等都要考虑均衡，而邻里单元之间具有一定的隔离条件，可以阻碍疾病的传播，事实上住区建设是城市问题的缩小版，在分散的版图上讲求功能完善与生态平衡。

《马丘比丘宪章》。1977 年国际建筑师会议通过的《马丘比丘宪章》是对《雅典宪章》的补充、发展和提升，是新背景下以新思想方法体系来指导城市规划的纲领性文件，提出人类活动不是功能主义、理性主义所能覆盖的，其在健康规划方面提出注重城市的有机构成与活力，提出城市规划包括编制和实施都是动态过程，追求建筑、城市和园林绿化的统一，并注重城市文化保护与传承，提出了公众参与城市规划的重要性。

精明增长。精明增长理论目的是通过对城市增长采取可持续、健康的方式，使得城乡居民中的每个人都受益。在规划上主张保持良好的环境，提倡步行休憩场所，鼓励市民参与规划，培育社区意识，通过有效的增长模式加强城市的竞争力，强调开发计划应最大限度地开发土地和基础设施，鼓励对土地利用采用"紧凑模式"，打破绝对的功能分区思想和严格的社会隔离局面，提倡土地混合使用。

（二）城市治理理论

1. 城市危机管理理论与公共卫生突发事件应急理论。

健康城市需要应对城市发展过程中遇到的各类风险和灾害，而危机管理作为公共管理的一个重要领域，通过监测、预警、预防、应急处理、评估、恢复等措施防止和减轻城市危机，也常常被称为应急管理。危机管理理论起源于企业管理理论，融合了经济管理、公共事务管理、政治学、外交决策等多学科，公共危机管理一般具有紧迫性、危险性、权威性、人本性、系统性这几个特征。

危机（应急）管理理论的一大基础为危机（应急）管理的过程阶段划分

理论，其中斯蒂文·芬克使用医学术语形象地对危机过程进行了描述：第一阶段为征兆期，表示有迹象显示潜在的危机可能发生；第二阶段为发作期，此时具有伤害性的事件已经发生；第三阶段为延续期，表示危机的影响正在持续，此时也是努力消除危机的阶段；第四阶段为痊愈期，表示危机事件解决完成，社会逐步恢复到之前的状态。另外美国著名危机管理专家罗伯特·希斯提出了危机管理四阶段划分理论，即有效危机管理 4R 模型：危机缩减（Reduction）、危机预备（Readiness）、危机反应（Response）、危机恢复（Recovery），并在考虑管理者应对危机时的反应与生存的恢复力，添加了危机恢复力（Resilience），形成了 5R 模型（见表 1-4）。

表 1-4 危机管理 5R 阶段模型

危机管理阶段	主要任务
危机缩减（Reduction）	对环境进行安全评估，对风险隐患采取措施，在前期缩减危机风险
危机预备（Readiness）	在危机发生前做好预防性准备，提高危机来临时城市的抵御力
危机反应（Response）	在危机爆发之后迅速做出反应重启应急预案，最大限度降低危机带来的损失
危机恢复（Recovery）	在危机得到有效控制之后，进行各类善后工作使城市恢复正常状态
危机恢复力（Resilience）	开发并运用富有恢复力的管理组织人员，消除可能存在的危机影响，并有效恢复

资料来源：唐承沛. 中小城市突发公共事件应急管理体系与方法［D］. 上海：同济大学，2007.

2003 年 SARS 危机发生之后，中国的危机管理，尤其是公共卫生突发事件应急管理得到了大幅的发展。根据《突发公共卫生事件应急条例》，突发公共卫生事件是指突然发生，造成或可能造成社会公众健康严重损害的重大传染病疫情、群体性不明原因疾病、重大食物和职业中毒以及其他严重影响公众健康的事件。突发公共卫生事件除了具备一般危机事件具备的突发性、公共性、危害严重性的特点，还由于涉及健康和疾病领域，具有自身一些特征。一是群体性。突发公共卫生事件的爆发，危害的不只是少数个体，而是涉及面很大的社会群体，会造成许多人的感染甚至死亡。二是频发性。由于社会变迁形成了许多不稳定因素，如生态环境的恶化、滥用抗生素及病原微生物的变异、有毒有害物质的管理不善，造成了近几年突发公共卫生事件频频发生。三是直接性。与其他突发事件不同，突发公共卫生事件发生后直接产生对人们身体、生命的损害。四是国际性。伴随着国际化步伐的加快，一些重大的传染病通过交通、旅游、运输等各种渠道进行着远距离的传播，引起了国际性的关注和恐慌，同时也扩大了对国家的国际声誉和政府应急能力的考验。

2. 循证决策与循证治理理论。

循证决策（evidence-based policy making）和新韦伯主义、公民参与、公共价值管理等一同被视为后新公共管理（post new public management）时期的重要理论思潮，回应了公共政策的"有效性"这一重大问题。循证决策简单来说就是以证据为基础来进行决策，最早可以追溯到古希腊时期亚里士多德的政策理念，20世纪末循证医学（evidence-base medicine，EBM）的兴起，使循证决策的理念进入人们的视野，并在英国、美国、澳大利亚、日本、加拿大等国掀起变革的浪潮。

来源于自然科学的循证决策方法是一种"证据"为中心的程序化、模式化的决策过程，完整的循证决策流程包括五个步骤：提出问题、收集证据、证据评估、证据实践、效果及反馈改进。但是随着理论的发展，学术界认为循证决策延续了新公共管理以效率、效益为中心的价值取向，陷入了管理主义和工具理性的狭隘性中。另外在实践过程中循证决策被认为会选择性使用证据，受到政治的影响和控制，以及证据的适用性受到政治、价值、文化多方面影响，未使用最佳决策证据和透明决策程序会产生技术偏误和议题偏误。

所以循证决策开始向循证治理（evidence-based governance）转变，而王学军等学者基于循证医学的三个基本要素——证据、医生临床经验、患者价值观及意愿，发展出循证治理的理论模型（见图1-13），包含政策研究及其他与议题相关研究形成的证据、公共部门的领导力、在社会公共领域中协调表达的公共价值。其中，证据为公共政策提供科学的治理依据，主要为政策效应研究、行为研究、成本收益等研究成果；领导力对公共权力和公共资源进行统筹和协调，应对变化的情景与冲突；而公共价值是多元利益相关者表达的自身利益和价值偏好，反映了公众的意愿和期望。最终循证的"善治"应当在实现三个要素的动态平衡关系中得以实现。

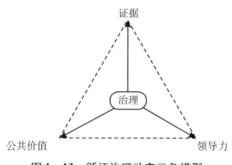

图1-13　循证治理动态三角模型

健康城市之中更加需要证据支持的有效性，政策的绩效需要被科学地衡量，健康城市的"善治"需要在证据支持的基础上，利用政府以及公共力量的领导力实现公共价值的实现。尤其是为了避免技术偏误和议题偏误的问题，需要在证据的搜寻上采纳多元主体、专业团体的意见，实现科学化的健康城市治理而非管理。

3. 协同治理理论（synergetic governance）。

现代的健康观念已经远远突破了传统医学范畴，因此政府部门与非政府部门、公共卫生部门与其他部门、上级政府与下级政府之间的协同治理，对于在城市这样一个开放复杂的巨系统之中促进其健康水平是十分必要的。

协同治理理论来源于协同论和治理理论的交叉理论。协同学（synergetics）发源于物理实验中的协同现象，该理论认为整个环境中各个系统间存在相互影响而又相互合作的关系。该理论解释了在开放的环境中，独立运动的子系统之间的协同合作会产生整个系统的有序结构，产生自组织的现象，也就是系统内部的差异与协同的辩证统一关系。

将协同与治理有机结合之后，便形成了新兴的协同治理理论，该理论具备以下几个特征：一是治理主体多元化是协同治理的前提，协同治理是政府、民间组织、企业、家庭、个人都可以参与的公共事务治理系统，需要打破以政府为核心的权威，体现多元的价值判断和利益诉求，各主体间保持竞争和合作的关系；二是子系统的协同性，即在协同治理中需要维护各子系统之间协商和资源交换的规则和环境，保持平等协作的关系，而非依靠强制力处理子系统之间的关系；三是自组织间的协同，自组织体系的建立需要政府削弱管制，也就需要自组织之间的协同，合力实现政府监管下的自我治理；四是共同规则的制定，协同治理作为集体行为，需要信任合作的基础，所以作为协同学中的序参量，规则的制定将影响竞争与协作的结果，而政府作为规则的主要制定者需要承担这一责任。这些规范的制定以及协同竞合关系的建立是健康城市建设的关键所在，政府需要在保证满足基本健康需求的前提下，开放其他子系统参与到人民健康的促进中，实现健康治理过程的平等协作关系。

4. 基层社区治理相关理论。

基层社区是政府到群众的最后一公里，基层社区的治理对于健康城市的构建相当于细胞之于人体。社区也是国外健康城市的兴起的基本单元，公共卫生部门、城市规划者、公共组织力量、普通居民都在社区这个单元中为了健康城市的实现而不断奋进。对于中国的健康城市的建设需要了解中国基层社区的特征和运转的逻辑，这样才能更好地发动群众的力量建设健康城市。

国内外对中国社区治理的研究，可以归结为四个理论视角：第一，国家中心论视角。这一视角强调公权力（中央、地方政府，政党等）以现代国家建设为目的，为创造一个可治理的社会，对社区进行渗透，从而成为社区治理最为重要的行动者，并主导社区治理的大部分结构、机制与过程，导致社区居民、社会组织对公权力的合作与服从，这与官僚政府下公共卫生治理是相符的。第二，社会中心论视角。认为城市社区的生成与发展，改善了基层的社区治理与中层的城市治理绩效，尤其是社区自治的发展促进了国家－社会权力结构的变化，为人民民主奠定了一定的基础，如果社会组织继续在社区治理中参与、成长，那么，这将会进一步促进市民社会的成长，从而发展出具有自身独立性，与公权力、市场良性互动的现代社区，这将有利于社区健康公平的实现。第三，宏观结构－微观行动视角。既关注国家－社会二元结构限制，又关注在这种宏观结构限制下作为社区行动者的微观行动，及其在社区治理体系中的合作、冲突与协调。第四，介入式定性观察、干预与引导视角。这种视角先采取介入式观察、干预与引导的方式，深入社区了解居民的行为、习惯、生活方式与情感认同，研究社区工作者的工作方法、行政与志愿行为、政策规范实施、居民自治工作等，收集经验性信息，然后以归纳逻辑建构理论，解释中国社区治理的行为、逻辑与他们的发现。

中国的社区治理机制随着社区治理理论认知的发展而发展。新中国成立后，国家为了实现快速工业化，采取了国家高度垄断的制度，在城市是单位制、街居制，在农村是人民公社，统称为"单位制"，国家通过高度的组织计划对资源进行分配。改革开放后，为了发展市场经济的需要，民政部于1992年正式提出"社区建设"的政策主张，开始建设新的居委会，在短期内废除了单位制的大部分职能，把服务社区的职能交给了市场。在取得伟大成效的同时，市场失灵的现象也时常出现。随着中国市场的发展与政府规模的增大，2003年开始强化社区建设和社会稳定，通过"和谐社区""平安社区""网格化管理""项目化管理"等一系列治理举措加强介入和干预。总体来说，改革开放四十多年尤其是党的十八大以来的社区治理模式的创新与趋势主要遵循行政统合、政社合作与多元参与，即政府行政力量统管社区公共服务，培育鼓励社会组织参与社区的公共服务供给，充分依靠市场机制和社会机制多元参与。在中国社区中进行健康城市建设，需要时刻注重行政力量与社会力量的有机结合，既要发挥举国体制的优势，也要注重基层居民自组织的力量。

第二章

健康城市治理的外国经验

健康城市的建设和治理是城市化发展到一定阶段的产物，在国际上整体分为两个阶段。1986 年之前，各国以公共健康为目标进行了一系列的城市软硬件建设。1986 年世界卫生组织公布了"健康城市与乡村倡议"（WHO initiatives on healthy cities and villages），并在北美洲和欧洲正式发起"健康城市项目"（healthy cities programme）。这引领了西方国家健康城市建设运动的潮流，并逐步被发展中国家采纳。在世界卫生组织提出的健康城市框架下，欧洲、西太平洋、美洲、东南亚、非洲、东地中海地区各自进行了健康城市建设的实践行动。20 世纪 80 年代末至 90 年代初，西太平洋地区部分国家如日本、澳大利亚、新西兰开始关注城市健康问题并加入健康城市规划项目。美洲地区推行健康城市建设主要以社区为基础。东南亚地区于 1994 年开始实施健康城市计划，1999 年制定区域内健康城市行动计划框架，学习并交流健康城市建设经验。非洲地区开展健康城市计划相对较晚，主要利用国际资源促进健康城市的发展。东地中海地区健康城市计划于 1990 年 11 月在埃及开罗启动，该区域强调发展多部门合作，制定区域健康城市计划的目标、战略规划和行动方案。[1]

---

[1] 杨忍忍，王继伟，夏娟，等. 我国及部分发达国家健康城市建设进展及现状 [J]. 上海预防医学，2017，29（10）：761－766.

第一节　美国健康城市建设实践

北美地区是全球健康城市的发源地之一。自 20 世纪 70 年代以来，以美国为代表，该地区健康教育与健康促进工作快速发展。1984 年，在北美召开的世界卫生组织国际会议首次提出了"健康城市"概念，美国通过非营利机构广泛宣传推广健康城市运动，成立了政府、民间机构、公众广泛参与的"健康城市与社区联盟"。事实上，美国健康城市建设的实践起步早、历程长，梳理美国健康城市建设的实践经验，有助于厘清健康城市概念的诞生与演化，并指导我国健康城市建设工作。

一、美国健康城市建设实践的阶段演进

借鉴加州大学伯克利分校卡本·贾森（Corburn，2009）教授的分析，我们将美国健康城市的研究与实践分为四个阶段（见表 2 - 1）[①]。

表 2 - 1　　　　　　　美国健康城市建设实践的阶段演进

阶段	主要举措	背景及驱动力
反思起步阶段 （1850s ~ 1890s）	·成立健康城市规划和建设的组织机构； ·城市规划更加注重卫生情况的调查和改善，将公共健康纳入物质空间和社会性规划； ·针对垃圾、废水、贫民窟进行集中的空间干预； ·建设公园和户外休闲区，建设绿化的公共空间，改善居住环境	·工业化发展、人口不断集聚带来的公共健康问题； ·传染病问题的出现
科学化建设阶段 （1900s ~ 1950s）	·成立一系列职能的市政部门； ·医疗和疾病管理取代物理方式来消除疾病； ·推广疫苗和氯化处理市政用水； ·开始关注吸烟、饮食等个人风险因素	·福特制下的持续经济增长； ·细菌理论的突破性进展

---

① Corburn J. Toward the Healthy City [M]. MIT Press，2009.

续表

阶段	主要举措	背景及驱动力
公私合营＋公民参与阶段（1960s～1970s）	·以《美国大城市的死与生》《寂静的春天》为代表的学术批评引起各方关注，城市建设转向问题地区； ·通过环境立法，建立美国环境保护署和职业健康与安全管理局； ·一系列扶贫计划和医保补贴制度满足老年人和穷人的医疗保健需求	·内城衰落，中产阶级郊区化日益加剧； ·经济低迷，财政萎缩，城市建设的责任和权限逐渐下放
健康城市运动阶段（1980s至今）	·成立"更健康的城市和社区联盟"，融合后又向着专业化方向发展； ·开始关注可持续性和气候变化； ·在新城市主义的影响下，海绵城市、韧性城市等概念走向实践	·新城市主义的思潮； ·各地学者和活动家提出健康城市倡议

资料来源：根据公开资料整理。

（一）反思起步阶段（1850s～1890s）

南北战争前夕，美国城市正在迅速工业化，供不应求的住房需求，有害的工业污染，人类和动物排泄物以及伤寒、霍乱和黄热病等传染病的暴发问题严峻。19世纪末，美国成立了健康城市规划和建设的组织机构，致力于保护自然资源和有助于身体健康和益寿延年的重要资源。在这一阶段，美国工业化快速发展，工业化城市中突出的卫生问题催生了公共健康和城市规划学科的结合。这一时期相关研究集中在传染病和公共基础设施方面。在城市建设与规划层面更加注重卫生情况的调查和改善，将公共健康纳入物质空间和社会性规划之中。这一时期一方面针对垃圾、废水、贫民窟进行集中的空间干预，减轻集聚和无序带来的负面效应，城市管理部门制定规划和住房方面的法规和区域条例控制用地，改善住房质量；另一方面，通过建设公园和户外休闲区，建设绿化的公共空间，改善拥挤的居住环境。这一时期，全美城市美化运动盛行，例如芝加哥建设的公园、林荫道、艺术及游乐场所等风靡一时。

1892年，纽约市卫生局设立细菌和消毒科，下设诊断实验室。这一实验室在霍乱平息后继续对白喉等传染病进行控制，不久之后演变成为常设研究机构，研究范围进一步得到扩展。美国其他地区和欧洲诸国在纽约的示范下也开始设立众多公共卫生实验室，人们逐步研究出霍乱、鼠疫、伤寒、结核病等恶性传染病的疫苗，对传染病的预防和治疗起到关键的作用。一系列传染病传播途径被成功发现，为公共健康的环境治理措施提供了重要依据。

1898 年霍华德提出"田园城市"理论，认为公共健康等城市问题正是由于城市人口急剧扩张、城市过度拥挤造成的。由此提出结合城市和乡村的优点构建"田园城市"，试图通过人口的限定和绿地的建设，在区域层面解决城市的健康问题。20 世纪初全球范围内开始推广花园城市运动，其中最突出的理念和实践当属邻里单位（Neighborhood Unit）理论和雷德朋原则（Radburn Principle）。在美国小汽车快速发展的背景下，规划师们逐渐意识到城市对行人安全的潜在威胁，开始考虑将社区生活与快速的汽车交通相分离，以保障居民的安全和健康。

（二）科学化建设阶段（1900s ~ 1950s）

在这一阶段，美国经历了两次世界大战后，国力大增，关于城市规划与公共卫生的研究也逐渐得到深入发展。

20 世纪初，随着细菌理论的发展，公共卫生领域认为微生物是引起传染病的特殊媒介。医疗和疾病管理开始取代物理方式来消除疾病的危害，公共卫生领域转向旨在消除细菌的干预措施。在这种理论思潮影响下，公共卫生领域开始通过开发疫苗以使穷人免疫，而不是清理他们的社区和工作场所。实验室公共卫生研究还测试了饮用水、牛奶和其他可能携带微生物的食物，并使政府宣布对学龄儿童强制接种疫苗和对市政用水进行氯化处理。1906年，厄普顿·辛克莱尔发表文章揭露了芝加哥肉类包装区的恶劣工作条件，这激发了工会的关注。在 1911 年纽约市一家服装公司发生大火之后，制造业的工作制度进行一系列重大的改革，包括劳动者赔偿法、童工法则、八小时工作日以及其他关系社会生产保障的措施纷纷出台，来改善城市的生活条件（Rosner and Markowitz，1985）。

第一次世界大战后，美国建立了分别负责垃圾收集、给水和污水处理、学校卫生、住房和职业安全的市政部门。随着新机构的设立以及各种针对城市问题的独立学科出现，专业化程度日益提高，各领域之间的协作减少，使公共卫生和城市规划进一步分离。

这一阶段公共健康研究重点在个人风险因素，例如吸烟、饮食等，对于外部空间因素的关注很少。伊利尔·沙里宁 1942 年在《城市：它的发展、衰败与未来》一书中提出的"有机疏散理论"指出："任何活的有机体，只有当它是按照大自然建筑的基本原则而形成大自然的艺术成果时，才会保持健康，基于完全相同的理由，集镇或城市只有当它是按照人类建筑的基本原则，发展成为人类艺术的成果时，才会在物质、精神和文化上臻于健康。"①

（三）公私合营 + 公民参与阶段（1960s ~ 1970s）

到了 20 世纪 60 年代，城市规划已经在社会上引起广泛的争论，城市规划领域很难回应政治活动家的各种主张，即伴随城市更新项目而进行的大规模公共开发项目和现代主义设计，并不比现有基础上进行的零星变更更好地改善社区的环境。联邦政府鼓励私营部门控制城市中 CBD 的发展，并于 1977年通过了《城市发展行动补助金》，其中包括免税的市政债券和联邦税法的变更，以进一步鼓励建立准国有企业。城市再开发的公司在美国大多数衰退的城市中开展城市更新与运营业务。

但是这种房地产开发导向的城市建设也引起了人们的不满，这种不满体现在对现代规划的各种经典批评中。简·雅各布斯（1961）在《美国大城市的死与生》中批判了城市更新的巨型项目，认为它们破坏了城市社区的多样性、活力和有机性，而这些正是构建健康社区的关键特征和条件。瑞秋·卡森（1962）的《寂静的春天》也指出，科学技术的进步与应用不一定是符合公共利益的进步迹象，甚至可能危害人类的健康。1970 年，尼克松总统开始通过整笔的拨款，拆除模范城市计划和实行"善意忽视"（benign neglect），向纽约等城市发出肯定的信号，采取"计划内的收缩"政策（planned shrink-

---

① 沙里宁. 城市：它的发展、衰败与未来 [M]. 顾启源，译. 北京：中国建筑工业出版社，1986.

age），例如将指定的问题街区中诸如图书馆、消防和公共交通等基础设施转移至更为健康的地区，并将问题地区的贫民窟进行焚毁。到 20 世纪 60 年代末和 70 年代初，美国通过了 20 世纪最重要的环境立法，除了建立美国环境保护署和职业健康与安全管理局，国会还决定通过国家环境政策，清洁空气和清洁水的法案，并在 70 年代的头几年开始逐步淘汰含铅汽油。

活动家还向公共卫生专业人员发起挑战，以解决在经济繁荣发展和医疗技术进步的情况下，仍然存在城市贫困和有色人种的健康不平等的现象。数据显示，在 1960 年，非裔美国婴儿的死亡率为每千人 44.3，而白人只有 29.2。①

约翰逊总统的《消除贫困战争》计划（War on Poverty）以及配套的《医疗保险》和《医疗补助》的通过，满足了老年人和穷人的医疗保健需求。其中一项计划便是创建社区保健中心。由新成立的经济机会办公室组织的邻里健康中心再次将临床护理、儿童教育和社区参与联系在一起。这一时期，公共卫生的治理更多地体现在公民参与而不仅仅是政府计划。

在这一阶段，随着对肥胖、糖尿病、心脏病等慢性病的重视，世界卫生组织提出了健康城市的理念，城市规划与公共健康再一次融合。

（四）健康城市运动阶段（1980s 至今）

在 20 世纪 80 年代初期，世界各地的学者和活动家都提出了重新连接城市和公共卫生的想法，世界卫生组织欧洲办公室在 1986 年创建了"健康城市项目"（WHO，1988）。在美国，"更健康的城市和社区联盟"（the Coalition for Healthier Cities and Communities）建立于 20 世纪 90 年代，旨在使各个市县卫生部门接受欧洲健康城市运动所推广的广泛的健康观念。国际城市与区域规划师协会（ISOCARP）大会在 1993 年将会议主题定为"城市区域和福祉：规划师能够为促进城市区域内人民的健康和福祉做些什么？"2014 年美国规划师协会（APA）会议也将主题定为"公共健康与规划"，同期健康城市的关注点拓展到公平领域，并强调跨学科研究和跨部门合作的重要性。

美国健康城市的构想不是从学术界、医学界开始的，而是从公共健康领

---

① 资料来源：美国国家卫生统计中心（NCHS）。

域开始的，由非营利组织、宗教组织等推动。美国虽然借鉴了一些 WHO 的方法，但主要依照美国国情开展了一些健康城市活动。印第安纳波利斯市是美国健康城市最早发展地。1988 年，由 W. K. Kellogg Foudation 发起并赞助 3 年，邀请印第安纳大学护理学院、印第安纳公共卫生协会及印第安纳州 6 个城市公共参与、规划并执行印第安纳健康城市计划。1989 年，美国卫生和人类服务部（DHHS）正式接受"健康社区"这个概念并在全国推广。1993 年在美国旧金山召开了第一次国际健康城市大会，这次会议不仅对全世界健康城市发展具有重要意义，也对美国健康城市，尤其是健康社区产生了巨大的推动作用。1996 年美国成立了"健康城市与社区联盟"（CHCC）。目前正在讨论的项目范围包括青年节日、社区安全、地方经济发展、娱乐和城市规划等。2006 年，美国卫生与公共服务部制定了《消除健康差异国家行动议程》（National Action Agenda for the Elimination of Health Disparities），其中建筑环境对弱势群体的影响逐渐成为联防机构的四大重点之一。

美国的城市规划和公共卫生在 19 世纪后期出现了融合的趋势，在 20 世纪逐渐向着专业化方向发展，并各自建立了针对卫生科学和城市治理的机构。然而，这种领域之间的分离向来不是绝对的。到了 21 世纪，研究人员和从业人员越来越认识到环境卫生和城市规划决策之间的脱节，严重地阻碍了卫生方面问题的解决。在这一阶段，世界范围内出现新城市主义思潮，美国率先出现海绵城市、韧性城市等概念，城市建设与更深层次的公共健康的联系更为紧密。

二、美国突发事件应急管理体系

美国突发公共卫生事件应急管理体系具有整体性、系统性特征，体现着极强的应急管理能力，主要由应急管理的决策、信息、执行和保障四大运作系统构成。

（一）决策系统

美国突发公共卫生事件决策系统兼具综合性、立体化、全方位的特征，自上而下包含联邦疾病控制预防系统（CDC），各州医院应急准备系统（HR-SA）与地方性城市医疗应急系统（MMRS）3 个子系统。其中，CDC 隶属美国卫生部，负责协调突发公共卫生事件。HRSA 隶属卫生部下属的卫生资源部，负责提供解决突发公共卫生事件的措施。MMRS 旨在增强所管范围内的突发公共卫生事件的处置能力。

（二）执行系统

美国突发公共卫生事件的执行系统包括 6 大子系统，涵盖公共卫生、医疗服务、科研、快速诊断、流行病调查、医药器械以及应急健康教育。专业技术机构涵盖了隶属于美国卫生部的 3 个分支机构：食品和药品管理局、药物滥用和精神卫生服务局、印第安健康服务局。此外，为更有效地在 48 小时内实施应对突发公共卫生事件，涵盖内务部、农业部以及退伍军人事务部的协助部门也统筹参与执行任务。

（三）信息系统

美国突发公共卫生事件信息系统完善，涵盖 BioSense 监测系统、网络疾病监测系统（NEDSS）、EPI－X 安全通信系统、信息传播与沟通卫生警报网络系统（HNA）与突发事件应急响应系统（EOC）。各信息系统间协调配合，根据突发公共卫生事件的信息管理制度的要求将其进行分级，并实施相应的处理措施。分级后的信息，分别由联邦政府与各州政府部门发布、传播和分享。同时各级卫生部门与媒体配合，快速发布疾病信息，以此确保信息的有效性、准确性、及时性和透明性。

（四）保障系统

法律保障、物资保障、资金保障、社会心理保障和职业安全保障构成了美国的突发公共卫生事件的五大主要保障系统。

1994 年美国联邦政府通过了《公共卫生服务法》。该法关于传染病防范的内容包括五点：第一，明确严重传染病的界定程序；第二，制定控制传染病的相关条例；第三，明确检疫官员的职责，尤其是出入口检疫官员的职责；第四，对特定地区的人员、货物，民航、港口等特殊检疫场地的管理；第五，对战争时期的检疫采取特殊处理。《公共卫生服务法》明确授权卫生总局医务主任在必要时采取检疫等措施，防止传染病的传播，以及制定相关的规章和标准。此外，类似于南卡罗纳莱州《传染病法》的各州、县等地方性法律法规，对于传染病的具体信息、检验、隔离具有明确规定，医护人员与县、州之间形成一条上报链，并在 24 小时内上报，若违反定当追究责任。

以 CDC 负责的全国药品储备为核心，各地分布了 12 个专用药品存放场，每个存放场储存不少于 84 种药品，以此保障 12 小时内可获得药品，以充分实现突发公共卫生事件的物资需求。同时，美国设有由国家精神卫生研究所承担的重大公共事件引起的精神疾病防治制度，且国家承担所有防治费用。

三、美国纽约市健康城市建设实例

纵观历史，纽约一直受到各种公共卫生危机的挑战。自 19 世纪纽约成为美国最早发展综合公共卫生基础设施的城市以来，纽约一直站在制定和实施城市卫生政策的前列。纽约市公共健康部是全美第一个常设公共卫生部门，成立于 1866 年，为了应对当时爆发的霍乱。公共卫生历史学家詹姆斯·高格罗夫（James Colgrove）以编年史的方式记录了纽约市不断变化的公共卫生需求，借鉴了档案研究和口述历史的方法，探讨了公共卫生的提供如何适应各种公共需求、公众认知和政治压力的竞争需求。

20 世纪中叶，由于在接种疫苗、医疗数据收集和社区健康方面取得了里程碑式的成就，纽约市公共健康部已成为国家公共卫生的标杆。20 世纪 70 年代，由于财政危机，预算和人员短缺，使卫生部门的工作不仅要关注疾病预防，同时还要确保获得公众和政治支持，几方关系非常微妙。20 世纪八九十年代，随着城市人口数量和多样性的增长，该部门面临着许多公共健康问题的挑战，如艾滋病、结核病、西尼罗河病毒、海洛因成瘾、无家可归者、吸烟和不健康饮食等。2001 年，"9·11" 恐怖袭击和对生物恐怖主义的恐慌将公共卫生工作从疾病预防转向风险应对，卫生部重回"家长式"的强势角色。时任纽约市市长迈克尔·布隆伯格（Michael Bloomberg）发起了基于恐惧的公共卫生运动（2003—2012），通过一系列负向宣传来呼吁公众应对公共卫生面临的三大挑战：高吸烟率、肥胖和艾滋病毒感染。"恐惧"型公共卫生政策是高风险的，会带来恐慌、羞辱等负面情绪，需要有支持性政策的平衡。相关的决策几乎总是政治性的，反映了如何平衡有效性、不确定性、耻辱、边缘化、情感负担、公正、社区参与和科学可信度等问题的计算。

以戒烟为例，纽约的高吸烟率一直是公共卫生部门的大难题，2003年通过了《无烟空气法案》（Smoke Free Air Act）。但2005年前的快乐戒烟广告一直收效甚微，2005年12月起纽约市发起强制性禁烟行动，打出了"每支香烟都会对你造成伤害"（Every Cigarette is Doing You Damage）的广告语，自2006年起播放名为"香烟正在吞噬你的生命"（Cigarettes are Eating You Alive）的电视广告。这些海报和公益广告展示了心脏、肺部、口腔、牙齿和喉咙等器官因吸烟而病变的特写镜头，描述了吸烟可能对婴儿和幼儿造成的伤害和痛苦。这些口号和图片也出现在免费火柴盒和香烟零售店中。同样的措施也应用于该市控制含糖饮料以降低肥胖率/心血管疾病数量、倡导使用避孕套预防艾滋病的公共卫生措施中，但收效并不及禁烟明显。当然"恐惧型"政策也受到了社会平等倡议者、教育工作者们的反对，认为其中有对某些人群的歧视性描述，也不适宜青少年们观看。

（一）公共医疗

美国的医疗设施和医疗保险大部分都由私营部门经营，公共医疗作为辅助。纽约市健康与医院系统（NYC Health + Hospitals）作为全美最大的公立医疗系统，源于1736年建造的纽约表维医院（Bellevue Hospital），截至2018年旗下已经拥有11间综合医院，5间护理中心，6个门诊治疗中心，以及70多个社区门诊部。平均每年预算为67亿美元，服务病人140多万人次。[①] 虽

---

① 资料来源：纽约市健康与医院系统官方网站。

然相较私立医院及诊所，医疗公共服务的贡献并不突出，但上届政府延续至今的大趋势是自"公共医疗"向"公共健康"的转型，公共医疗服务从医院逐渐下沉至社区，政府的财政支出在直接投入公立医疗机构、扶助弱势群体的普惠医疗以外，增加了项目式资助，用于鼓励和支持多元社会力量的加入。

2015 年，纽约市卫生局发布了《健康纽约 2020》（Take Care New York 2020，TCNY）的普惠型公共健康计划，作为应对医疗资源不平等问题的蓝图性政策，主要针对移民社区、弱势群体提供公共健康服务。四类数据是该政策的依据：儿童医疗计划、社区公共健康、健康生活方式以及优质公共医疗服务范围。

在鼓励医疗服务多元化供给方面，纽约市于 2002 年启动了"纽约公共健康基金"（Fund for Public Health NYC），提出了"健康关乎每个人"的口号（Health is Everybody's Business）。作为一个独立的非营利组织，该基金将纽约市卫生部门与公共和私营部门的合作伙伴联系起来，孵化创新的公共健康项目，旨在使纽约市更加健康和安全。自成立以来，该基金已筹集了超过 4 亿美元的公共和私人资金，近 300 笔捐赠，用于支持与卫生部共同制定的项目。[①] 此举促进了政府和私营部门之间的伙伴关系，开发、测试和启动新的公共健康倡议。这些合作加快了示范项目的执行，影响了成功试点项目的扩展，并支持在更广范围内的快速实施，更好对接了公共健康服务的供需双方。该组织支持的项目不仅集中于医疗卫生领域，也包括社区农场（住房局）、城市公共空间及其设计（城市规划局）、青少年运动（教育局）等跨部门、跨领域合作。2019 年 2 月，一笔私人慈善家的捐赠还定向启动了一项艺术医疗计划，旨在通过艺术活动让患者更快乐、帮助医疗工作者减压。

（二）医疗保险

美国医疗费用高昂，据美国人口调查局（CMS）数据显示，2017 年，美

---

① 资料来源：纽约公共健康基金官方网站。

国全国医疗费用支出为3.65万亿美元，GDP占比超过20%，人均支出超过1万美元，医疗支出在家庭支出中的占比非常高，因病致贫现象很普遍，每年宣布破产的人中有一半因为大病医疗支出。因而，医疗保险对每个美国家庭和个人都至关重要。美国政府会提供较为辅助性质的公共医疗保险、医疗辅助计划，以及针对特殊人群的医疗救助计划（如儿童医疗保险计划、残疾人健康保险计划、退伍军人健康管理等），除此以外普通18~65岁人口则需要自购或由雇主补贴购买私营医疗保险。2007年的数据显示，有15%的美国人没有医疗保险，而当年度美国人均每年的医疗支出超过7000美元[①]，意味着很多人需要自己承担高昂的医疗费用。自2010年联邦政府推出"可负担健康行动"（Affordable Care Act）以来，截至2013年无保险人数减少了一半。目前主要的公共健康保险包括Medicaid和Medicare等联邦计划，Child Health Plus和Essential Plan等州健康保险计划等。此外，纽约市作为许多无证移民聚集的城市，医疗保险的覆盖问题更为突出。纽约市专门出了多种语言的《移民健康保险与医疗服务指南》，帮助移民快速了解保险服务和医疗资源，社区也专门设置了健康专员免费协助移民完成合适的医疗保险项目申请。

纽约市于2019年2月宣布启动一项1亿美元的医疗保险计划，覆盖60万未投保居民，包括那些无力支付保险的人和那些非法居住在美国的人。医疗保险在美国已经成为一个高度党派化的问题。特朗普的共和党推动废除了2010年奥巴马医改计划，该计划将医疗保健扩大到了大多数没有保险的美国人身上，而民主党的自由派则呼吁建立一个由联邦资助的单一支付系统，推行"全民医疗保险"，这是受加拿大和许多欧洲国家计划的启发。纽约市的医疗计划将在不增税的情况下获得资金支持，这是该市现有的"都市计划"（Metroplan）的一个扩展，该计划涵盖了低收入居民的医疗费用。新计划为医院外医生的就诊提供了保险。"纽约医疗计划"（NYC Care Plan）将于2019年夏天在布朗克斯区启动，到2021年将扩展到整个城市，每年至少花费1亿美元。

---

① 资料来源：美国国家卫生统计中心（NCHS）。

第二节 欧洲健康城市网络实践

从地区发展实践来看，欧洲是全球健康城市的先锋，健康城市建设一直走在世界前列，其最大特色在于建立了覆盖欧洲乃至全球的健康城市网络。欧洲区于 1987 年开始全面实施健康城市建设，同时制订为期五年的"健康城市网络"计划，并通过成立 WHO 地区办事处、健康城市联盟、健康城市研究合作中心等措施，有力地促进了健康城市的相互合作和推广。梳理欧洲地区"健康城市网络"实践，有助于理解"健康城市"运动的兴起与演变，也为健康城市治理的区域间合作提供范本。

一、欧洲健康城市网络的发展历程

"健康促进"之理念源于 1986 年在加拿大通过的《渥太华宪章》，而真正将其转化为行动的是欧洲国家。WHO 欧洲地区办公室率先于 1986 年设立"健康城市项目"，随后建立了"欧洲健康城市网络"（European Healthy Cities Network）。作为健康城市项目计划的先锋，自 1987 年起，欧洲进入了 5 年为一周期的实施阶段（见表 2 - 2）。

表 2 - 2 欧洲健康城市网络建设时间阶段

阶段	主要举措
倡议阶段	· 创立新的组织； · 引介在城市中展开健康工作的新方法
起步阶段	· 极力强调健康的公众政策和总体的健康城市规划
行动阶段	· 公平、可持续发展和社会发展，着力于制订综合的健康发展规划； · 城市建立系统的健康监控和评价措施
健康关注阶段	"2 + 1" 的主题： · "2" 是指在本阶段前两年内着力于健康城市规划和健康影响评估工作； · "1" 是指随后将增补"老年人健康"主题

续表

阶段	主要举措
融合发展阶段	·关爱和支持环境； ·健康生活； ·健康的城市设计
人本理念阶段	·生命历程与授权，欧洲地区主要的公共卫生挑战； ·加强以人为中心的卫生体系和公共卫生能力； ·创造有弹性的社区和支持的环境
可持续阶段	·促进所有人的健康和福祉； ·提高城市建设者的福利水平； ·提高公民参与度； ·增强社区商品、服务的供给能力； ·通过包容性的社会环境去促进和平与安全

资料来源：根据公开资料整理。

（一）倡议阶段

欧洲健康城市网络建设第一阶段是"健康城市网络"计划的倡议阶段。在 WHO 人人享有健康（Health For All）原则和《渥太华宪章》的影响之下，WHO 欧洲区域办公室提出"健康城市"运动，开展"健康城市计划"。1988年启动欧洲健康城市网络建设（当时被称为"欧洲健康城市项目"），首批就有 11 个城市政府参与。"健康城市项目"着眼于未来世界上大部分人"生活、喜爱、工作和娱乐"的地方。[1] 英国利物浦和西班牙的巴塞罗那、马德里等是健康城市项目的第一批试点城市，西班牙的瓦伦西亚地区健康城市建设成果显著，健康城市项目很快就普及到了该地区 80% 的社区。

（二）起步阶段

欧洲健康城市网络建设第二阶段是"健康城市网络"计划的起步阶段。20 世纪 90 年代，WHO 相继颁布了多个关于健康城市定义、标准和指南，健

---

[1] Tsouros A D. The WHO Healthy Cities Project：state of the art and future plans［J］. Health Promotion International（2）：2.

康城市的概念被明确。1992 年《21 世纪议程》中首次提及的将"可持续发展"从概念推向行动和具体领域也成为欧洲健康城市运动所遵循的基本原则，包括环境保护、政治平等、消除贫富差异等。1988 年 WHO 欧洲健康城市网络建设第一阶段共有 11 个试点城市，在第二阶段中大批欧洲城市对于健康城市的概念和实践表现出了极大的兴趣，6 个国家的 200 多个城市被纳入国家健康城市网络，城市相互之间建立了合作关系。

（三）行动阶段

欧洲健康城市网络建设第三阶段是"健康城市网络"计划的行动阶段。进入 21 世纪，欧洲健康城市运动体现出以地区健康城市网络和国家健康城市网络相结合为特征的发展模式，参与的城市数量显著增加（特别是西班牙、捷克等国家）。该阶段主要强调改善健康公平性和可持续发展，最主要的工作就是制订综合性的城市健康发展规划，重点解决健康不公平、贫困与健康、社会排斥以及弱势群体需求等方面的问题。强调各个参与成员计划的整合和系统的监测与评价。

（四）健康关注阶段

欧洲健康城市网络建设第四阶段是"健康城市网络"计划的健康关注阶段。欧洲健康城市项目的第四阶段于 2003 年 10 月举办的国际健康城市会议上启动，主题是健康的老龄化、健康城市规划和健康影响评估等。2004 年，又增加了一项新的研究主题——身体锻炼与积极生活方式。通过优化城市规划设计、改善外围环境等干预手段，鼓励身体锻炼和积极的生活方式，应对肥胖等疾病。

（五）融合发展阶段

欧洲健康城市网络建设第五阶段是"健康城市网络"计划的融合发展阶段。《萨格勒布健康城市宣言》（The Zagreb Healthy Cities Declaration）确定了欧洲健康城市网络的原则、目标和主题。这一阶段 55 个城市参与，总体目标是健康和保健的所有地方政策的公平性，主题是支持性环境、健康生活方式和健康城市设计。这一阶段，关注点已经不限于医疗和卫生的范畴，更多使用交通政策、住房和城市发展政策、环境政策、教育政策、农业政策以及财政金融政策等一系列公共政策完善健康城市的建设。要成为在第五阶段的WHO欧洲健康城市网络的成员，城市必须实施第一期5年的10个具体要求，具体包括持续的本地支持，协调和督导小组，城市的健康状况，综合规划健康，合作，能力建设，参加世卫组织欧洲网络会议，出席会议的市长，在网络活动的参与，监督和评估机制。①

（六）人本理念阶段

欧洲健康城市网络建设第六阶段是"健康城市网络"计划的人本理念阶段。这一阶段，欧洲健康城市网络计划重点提出了包括建筑质量、邻里规划、绿色空间等城市环境的营造项目。2016年提出的《在可持续发展目标中提倡健康》划定了"健康城市行动"的10大领域，如应对气候变化，加强儿童友好型投资，改善社区生活质量，可负担的优质医疗服务，绿色社区规划建设，提供交通和娱乐服务设施、食品和供水安全，倡导无烟环境等。

（七）可持续阶段

欧洲健康城市网络建设第七阶段是正在进行的"健康城市网络"计划的可持续阶段。2018年，WHO在哥本哈根举办欧洲"健康城市网络"建设30周年会议暨健康城市网络第七阶段筹备工作会议。峰会通过《哥本哈根市长共识：人人都更加健康和快乐的城市》，阐释健康城市建设的未来政治愿景和工作计划，"人民、地方、参与、繁荣、地球、和平"六个主题构成了哥本哈根共识的核心。2021年，WHO – EUR发布《重建美好健康城市》，在全球疫情背景之下，强调"建设健康，宜居的城市"；呼吁国际社会为所有阶层的人提供改善生活的机会，将健康公平和可持续发展作为对抗COVID—19的战略中心，减少不平等，确保环境和社会的可持续性。

---

① 陈柳钦.健康城市建设及其发展趋势［J］.中国市场，2010（33）：50–63.

二、成效与启示

欧洲作为健康城市计划的先锋，在建设健康城市的实践过程中，建立了覆盖欧洲区域的健康城市网络，制订了健康城市计划，注重健康城市理念的推广，根据不同阶段不同情况制定建设重点，将健康融于政策之中，积极制定健康公共政策，强调健康影响评价和系统检测评估对建设健康城市的重要性，力求减少健康的不公平性。基于欧洲健康城市网络的实践，形成了如下几条值得借鉴的启示。

一是重视 WHO 的组织与领导。欧洲地区先后推进了七个阶段的健康城市网络建设，WHO 在其中仍起到较强的组织领导作用，其综合开展地区层面的网络建设并为国家内部健康城市网络的建构及相关实践提供技术支持。

二是健康影响评估已成为推动健康城市运动发展的重要工具。WHO 构建了一个针对"健康城市环境和设计"的健康影响理论模型。该模型包括先决条件、评估对象、具体干预措施、生活方式的变化和健康影响五个部分。

三是重视城市规划在健康城市治理过程中的作用。城市规划作为一项重要的城市治理公共政策，在健康城市的建设与治理前置阶段发挥着极为突出的作用，这些作用体现在政策、导则和规划编制等各个方面，它既是健康城市建设的指引工具，又是健康政策广泛推行的"催化剂"。

第三节　英国健康城市规划实践

英国是城市规划学科和实践的起源地，其健康城市规划与实践经历完整的阶段演进。1854 年发生在伦敦的霍乱衍生出最早的公共卫生干预，利物浦又是欧洲新时期"健康城市网络"运动的排头兵。梳理英国健康城市规划的实践经验，有助于理解健康城市规划最完整的发展脉络。

一、英国健康城市规划实践的阶段演进

在欧洲地区，英国是最早开展健康城市运动的国家之一，无论是从数量上还是质量上一直名列前茅。伴随着城镇化不同阶段的演变以及执政党的更迭，英国的健康城市建设具有明显的阶段性特征，保守党有权力下放的倾向，而新工党有社会公平、集中干预的倾向。英国健康城市建设实践的阶段划分见表2-3。

表2-3　　　　　　英国健康城市建设实践的阶段演进

阶段	主要举措	背景及驱动力
公共卫生措施阶段（1830s～1940s）	·诞生人类历史上第一部综合性的《公共卫生法案》； ·制定《格林伍德住宅法》，开始了清除贫民窟计划，采用"建造独院住宅法"和"最低标准住房"相结合的办法	·城市人口剧增，城市居住环境恶劣； ·地下水污染与伦敦的霍乱疫情
城市重建阶段（1940s～1970s）	·疏散密度过大的城市，建设田园城市与卫星城，组成城市群； ·从关注人口密度转向特定病原体的防治，公共健康的实践逐渐由城市环境建设转向基于实验室的临床免疫研究	·霍华德"田园城市"理论； ·战后重建
内城更新阶段（1970s～1990s）	·公共部门主导制定城市计划、社区发展计划和内城地区研究； ·私人部门主导制定一系列以房地产开发为主导的旗舰项目	·经济衰退，城市设施更新资金、技能劳动力短缺； ·非传染性疾病威胁增大，经济社会不平等加剧
健康城市运动阶段（1990s至今）	·鼓励步行的邻里环境、土地功能混合利用、社区围绕公交系统布置； ·健康政策和城市健康计划，推进可持续发展； ·消除社会歧视和隔离等特定项目	·分区制与低密度增长导致严重的社会隔离、城市蔓延和城市中心区衰退等问题； ·新城市主义与精明增长的兴起； ·WHO启动健康城市项目

资料来源：根据公开资料整理。

（一）公共卫生措施阶段（1830s~1840s）

英国是最早实现工业化和城市化的国家。但是在英国城市化的早期阶段，由于政府、企业以及居民的环境保护意识不足、城市建设缺乏有效的规划及管理等诸多客观因素，各大城市都面临着环境污染、卫生状况恶化、住房不足等问题。为此，英国从19世纪30年代开始开展了一系列公共卫生改革运动，1842年英国召开了都市健康会议并成立了健康城市协会，1848年英国颁布了《公共卫生法案》（Public Health Act），建立了第一个中央卫生理事会（General Board of Health），随后在1872年、1875年颁布了新版的《公共卫生法案》（General Board of Health），逐步设立了统一标准以及普遍执行的卫生准则，英国公共卫生管理机制得到强化，并为20世纪公共卫生政策的完善奠定了基础。1848年，英国政府颁布了《国家卫生服务法》，实行国家医疗服务体系（National Health Service，NHS），医疗保险惠及全体公民，正式以国家为主体建立覆盖全民的卫生制度并延续至今。

1842年，埃德温·查德威克撰写了《英国劳动人口卫生条件报告》（Report on the Sanitary Conditions of the Labouring Population in Great Britain），记录了"绅士和专业"阶层的寿命比"劳动者和工匠"更长，并声称死亡率是由社会和不同居住区的空间形态决定的。在这一份具有里程碑意义的报告发布两年之后，弗里德里希·恩格斯在1844年发表了《英格兰工人阶级的状况》（The Conditions of the Working Class in England），记录了曼彻斯特周围三类街道和住房的死亡率情况。他指出了童年的苦难是如何在成年人身上留下不可磨灭的烙印，以及恶劣的工作条件，糟糕的食物，住房不足和医疗服务的缺乏如何对身体造成积累的影响。查德威克的报告中建议没有区域歧视地建造新的公共住房，改善邻里环境。恩格斯则指责当地污染严重的工业造成了不健康的工作场所和社区，认为必须解决对立的资本主义阶级关系以改善公众的健康。

1854年，一场严重的霍乱传染事件在英国伦敦的苏豪区暴发。霍乱发生在1854年伦敦宽街，位于现在的伦敦市苏豪区（Soho District）内的一个社区。约翰·斯诺（John Snow）博士首次采用科学方法证明，在伦敦暴发的霍乱起因于被严重污染的饮用水。为此，英国政府成立了城市卫生委员会，调查居住在贫民区的穷人的健康状况（Hennekens and Buring，1987）。委员会和斯诺的工作推动了公共卫生标准的形成，如住房标准、下水道系统、饮用水安全标准，以及促进了卫生管理条例的出台，世界上第一部公共卫生政策由此面世，它所涉及的主要问题都属于今天城市规划的范畴。

为了解决地下水污染与伦敦的霍乱疫情，英国工党政府于1930年制定了《格林伍德住宅法》，旨在解决贫民窟问题。该法律采用了"建造独院住宅法"和"最低标准住房"相结合的办法，即在清除地段建造多层出租公寓，并在市区以外建一些独院住宅村，同时也首次提出了对清除贫民窟提供财政补助，是真正意义上的城市更新的开始。

（二）城市重建阶段（1940s～1970s）

城市重建阶段开始于20世纪40年代，结束于20世纪70年代。其主要包括新城镇和绿带的建设以及住房和城市中心区的再开发。第二次世界大战以后，英国政府在进行城市重建的同时，通过新城建设计划，在大城市周边建立了一系列的卫星城，把改建地区的部分人口和经济活动安置到卫星城。

《城乡规划法》（1947）、《综合发展地区开发规划法》（1952）、《城市再发展法》（1953）和《历史建筑和古老纪念物保护法》（1953）中着重强调通过推倒贫民窟，在新的土地上新建商业和办公楼以及高层住宅，来振兴经济，并通过有计划地大规模疏散人口的方式来解决城市交通拥堵以及环境恶化等问题，在重建过程中开始关注历史文物保护的问题。1968年的"城市计划"由中央政府启动、地方政府实施，通过改善建成环境，为社区居民提供就业培训并为一些社会项目提供财政支持来实现内城社区的改善目标。在之后的《地方政府补助（社会需要）法》（1969）和《住房法》（1969）中，英国政府引入了"一般改善区"的概念，采用强制手段迫使业主或住户改善住房设施状况。

这一阶段的工作主要采取城乡规划和物质方法来应对住房短缺和住房质量低下以及城市蔓延等问题。改善这些城市问题的主要政策包括新城镇

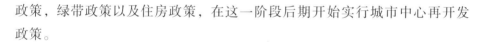

政策，绿带政策以及住房政策，在这一阶段后期开始实行城市中心再开发政策。

（三）内城更新阶段（1970s～1990s）

从 20 世纪 60 年代中后期开始，由于内城的衰败，英国政府启动内城复兴的计划。1972 年，由国家环境部秘书处发起的内城研究计划开始重点研究内城衰退的原因。1977 年，在大量研究探索的基础上，英国政府颁布了《内城政策》，并在次年出台《内城法》，明确政府城市更新的目标是经济的发展，将英国 7 个最衰落的地区纳入"内城伙伴关系计划"（Inner City Partnerships），强调了政府部门之间、中央－地方之间的合作关系。1980 年颁布的《规划和土地法》允许设立企业区，鼓励公私合作。同年，英国政府成立了股份性质的城市开发公司，设立城市开发基金、城市再生基金和城市补贴基金等，决定重拾市场，并通过缩减公共开支、撤销部分政府干预措施等途径来减轻政府财政压力。英国政府还通过寻求民间合作来实现内城更新，以应对产业结构转型对物质空间的需求。

内城复兴的伊始是政府主导的大规模改造，但是由于英国经济转型、制造业衰退、郊区化导致城市中心区的衰败，以及经济衰退、国家财政危机，中央政府不得不缩减公共支出，加上全球经济的影响和政权更替，政策变化为以市场为主导、以引导私人投资为目的、以房地产开发为主要方式，股份性质的城市开发公司，城市投资基金应运而生。放权和引入私有资本促成了内城更新的房地产导向。在这个阶段城市更新政策从大规模清除贫民窟转向住宅整修和改善以及市中心区商贸区的复兴。

（四）健康城市运动阶段（1990s 至今）

1986 年，WHO 开始开展一连串的"健康城市计划"（Healthy City Project）运动，并主持召开第一届健康促进大会，发表了《渥太华宪章》（Ottawa Charter for Healthy Promotion），英国是第一批参与"健康城市项目"的欧洲国家。

英国健康城市运动可以分为六个阶段，第一阶段（1987～1992 年）致力于建设相关机构，处理相关事务。第二阶段（1993～1997年）致力于健康政策和城市健康计划。第三阶段（1998～2002年）强调可持续发展和计划整体性推进，制定健康发展的综合规划。第四阶段（2003～2008年）强调健康老龄化，并进行健康影响评估，同时推进一些有针对性的项目，如消除社会歧视和隔离等。第五阶段（2009～2013年）关爱和支持环境，推行健康的生活，并在城市规划的基础上提出健康的城市设计。第六阶段（2014年至今），2012年9月，欧洲健康城市网络53个成员国联合发布了一项名为"健康2020"（Health 2020）的新战略规划，英国这一阶段按照这一规划，提出创造有弹性的社区和支持的环境，并作为欧洲地区主要的公共卫生挑战地区加强以人为中心的卫生体系和公共卫生能力的建设。随着英国脱欧，未来英国的健康城市治理不再遵照欧盟的协议，但是进一步完善以社区为导向的小尺度公共健康建设与治理仍是未来的方向。

二、英国利物浦的健康城市运动

在欧洲地区，英国是最早开展健康城市运动的国家之一，无论是从数量上还是质量上一直名列前茅，而利物浦又是英国健康城市建设的排头兵。1987年英国选择利物浦作为试点城市，开展健康城市项目；同年该市成为欧洲健康城市网络的成员。一年后，该城市主持了第一届国际健康城市研讨会，会后出台了一系列健康城市发展计划。此次会议使该市的健康城市活动受到国内和国际的注意。1996年该市又陆续出台了一些相关的文件，其模式后来被欧洲其他一些国家采用。

1987年，英国选择利物浦作为健康城市试点开展健康城市项目，利物浦成为欧洲健康城市网络的成员。1988年，利物浦作为东道主主持了第一届国际健康城市研讨会，并发布了利物浦声明（The Liverpool Declaration），承认居民有权利参与制定和自身健康密切相关的决策。利物浦在1987年提出为期五年的健康城市计划，其目的在于促进市民的健康与福利，其中有关改善城市健康的指标方面，主要有居住、失业及贫穷、环境、心脏健康、癌症、意外事故、儿童行为、性的健康、资源滥用、心理健康十个项目。在健康城市建设阶段，利物浦首先建立了一个跨部门委员会去引导整个计划，设定主要目标以及重点计划方案，将健康城市的观念化为行动，设置健康城市办公室（Healthy Cities Office），制定包括 YUK 反毒活动（YUK Poisoning Campaign）、健康与体能的得分（Health and Fitness Point）、Croxteth 健康行动区（Croxteth Health Action Area）等一系列的示范计划。利物浦健康城市计划第一阶段的主要目标有三个，分别是将焦点从医疗健康的目标移转到更大范围、使健康成为全民最关心的议题以及扩展健康的概念。此阶段的健康城市计划的主要目标是：促进各政党团体达成共识，协同推进健康城市建设；动员专业团体参与健康城市的规划和实施；分析和诊断社区的健康状况，重点关注不平等问题；通过媒体、戏剧、学校图书馆等多种渠道，广泛开展健康主题的宣传和教育；制定并执行可行的健康城市行动计划，作为其他城市的借鉴和示范；建立健康城市的学习和交流网络，分享经验和知识；对行政部门进行健康城市的培训和指导。

1996 年利物浦启动城市健康计划（The Liverpool City Health Plan），将解决基本的城市健康问题作为提升居民幸福的关键途径。利物浦的城市健康计划的推动组织主要有四个，分别是联合公共卫生团队（Joint Public Health Team）、联合咨询委员会（Joint Consultative Committee）、健康城市小组（Healthy City Unit）以及工作团体（Task Group）。其中联合公共卫生团队负责指导在利物浦主要的健康相关的行动，并且对联合咨询委员会负责；联合咨询委员会是行政组织，由地区健康管理机构与地方市政机构的成员所构成；健康城市小组提供城市相关机构与社区团体之联合工作的执行与支持。另外为了计划之策略的形成，成立了四个工作团体，负责英国政府提出的"国家健康（Health of the Nation）"文件（1992）当中关键的四个领域，包括心脏病、癌症、性的健康与意外事故，以及工作团体提出的居住的健康。

在 1998 年到 2002 年之间，利物浦健康城市计划的重点包括利物浦第一计划（Liverpool First）、马其塞特健康行动区（Merseyside Health Action Zone）以及地方 21 世纪议程（Local Agenda 21）（1998）。在 Liverpool First 计划中合并了健康城市计划的工作，健康与社会的再生是该计划的八个主题之一，而保障当地居民的工作、促进教育的完成、现代化并联合邻近地区的服务是优先的考量。利物浦第一计划的工作重点是健康冲击的评估、健康公平的审查以及透过组织的发展建立社会的资本。

2008年，利物浦被选为"欧洲文化之都"以推广该城市的文化生活和促进文化发展，利物浦邀请本市的孩子和年轻人扮演城市规划者，创造健康的建筑和健康的城市空间，为创造更为健康的未来之城重新设计他们的社区。通过五个阶段的发展，利物浦将健康影响评估、社区影响评估、心理健康评估以及健康城市规划推广至各个部门。利物浦城市规划部门接受了健康城市规划的学习，当地的发展计划和运输计划的制定都受到了正面的影响，并且健康城市规划被列入当地大学的课程设置。

实际上，利物浦的居民健康状况并不乐观。根据利物浦2011年卫生健康调查数据显示，利物浦的居民健康平均水平低于英国平均水准，癌症、心脏病和中风的死亡率较高，医疗卫生的不平等现象也更为严重。数据显示，利物浦在2011年有32400名儿童生活在贫困之中，虽然居民平均预期寿命在稳步上升，但低于英国全国居民的平均寿命。同时，利物浦的医疗卫生不平等现象也比较严重，地区间健康状况差距较大，男性的平均寿命差距可以达到11.5岁，女性平均寿命差距可达7.8岁。据估计，利物浦成年人的健康饮食的比例比英国平均水平要低，但吸烟率和因酒精摄入而引发的生病住院率比英国平均水平要高。另外，利物浦的儿童健康状况也较为堪忧，其中21.2%的儿童被认定为肥胖，儿童龋齿现象较为严重，少女怀孕率也有所提升。

在这种健康危机下，利物浦于2012年制订了"利物浦健康与幸福战略计划2012–2015"（Liverpool Health and Wellbeing Strategy 2012–2015）。这项计划以"改善利物浦民众的健康和幸福水平，减少不公平待遇"为重点，是欧洲"健康2020"计划背景下做出的积极响应。

利物浦的健康城市建设已进行了三十多年，虽然居民在健康方面依然存在些问题，但吸烟率下降、居民平均寿命稳步提升等现象表明利物浦在健康城市的建设上取得了一定的成果。

第四节　日本健康城市规划实践

在亚太地区，日本是较早将健康城市理念贯彻到城市建设中的国家之一。1993 年，日本国家卫生与福利部开展了"健康文化城市"的全国性活动，并于 2000 年制定了《21 世纪国民健康增进运动》（亦称《健康日本 21》）。该运动根据科学依据，制定了预防癌症、心脏病、脑卒中、糖尿病等生活习惯病的饮食、运动、休息等改善措施，通过发挥社会各种各样健康关联团体的作用，旨在延长国民的健康寿命和提高生活质量。

一、日本健康城市建设实践的阶段与目标

日本的一些城市在 1862 年暴发霍乱后进行了重塑。为了改变人们的卫生生活习惯，当时的日本政府聘请英国污水处理专家伯顿帮助日本改造饮水、排水工程，根除霍乱的传播途径。其后，日本还专门出台了一部关于地下排水的《下水道法》，规定每座城市每年都要投入一定的财政来维护地下水排放设施以及确保污水收集处理的运营和维护。日本的下水道发展至今，已经成为外国游客纷纷打卡的旅游景点。如位于东京外围排水路的蓄水池，由 59 根柱子支撑，宛如宫殿。城市中所有的地下水都会汇集到这里，计算机会根据水流量计算容量，容量达到相应的高度后，计算机就会自动控制启水泵将水排入海中。

1991 年，WHO 西太区首次召开有关解决城市卫生问题的会议，在日本东京医科齿科大学成立健康城市研究合作中心。1997 年，在日本东京医科齿科大学公共卫生与环境科学部设立"健康城市和城市政策研究合作中心"（WHO Collaborating Center for Healthy Cities and Urban Policy Research），先后通过设在日本东京医科齿科大学、澳大利亚悉尼大学的 WHO 合作中心以及其他大学、机构和组织，举办了一系列的短期培训班和访问见习，使学员亲

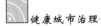

身感受日本和澳大利亚的做法。日本自1978年起分4个阶段开展国民健康营造计划（见表2-4）。

表2-4 日本健康城市建设实践的阶段演进

阶段	主要举措	背景及驱动力
"第一次国民健康营造对策"（1978~1988年）	·落实健康诊察； ·整备市町村保健中心； ·落实健康诊察确保护士和营养师数量以及确保医疗设施的数量及品质等	·求得疾病早发现； ·落实健康检查工作
"第二次国民健康营造对策"（1989~1999年）	·相对前期着重疾病的发现，此期着重疾病预防与健康的促进； ·营造兼顾营养、运动与休息的生活形态； ·除将健康营造诉诸公共政策实现之外，亦积极导入民间活力协助计划的实现	·应对21世纪日本超高老龄化社会
"第三次国民健康营造对策"（2000~2009年）/"健康日本21"行动	·制定"健康增进法"； ·"健康日本21"重视整体化的生活习惯、设定（评价）特定指标的目标值、不局限于保健医疗活动； ·引入住民参与的概念	·应对超高龄社会
"第四次国民健康营造对策"（2010~2020年）	·制定了"居家医疗、介护联合推进事业"制度； ·消除自然灾害隐患，加强核电辐射防护； ·"营造智能化健康社区"活动	·提高人均期望寿命； ·鼓励健康生活方式，维护、改进和参与社会生活

资料来源：根据公开资料整理。

日本自1978年开始着手健康营造的政策。"第一次国民健康营造对策"的重点是求得疾病早发现、落实健康检查工作，其内容主要包括落实健康诊察、整备市町村保健中心、确保护士和营养师数量以及确保医疗设施的数量及品质等。

1989年实施的"第二次国民健康营造对策"，其内容主要呈现于"活力八十岁健康计划"。1993年日本开展了"健康文化城市"活动，该活动旨在应对21世纪日本超高老龄化社会，活动计划重点包括：（1）相对前期着重疾病的发现，此期着重疾病预防与健康的促进。（2）营造兼顾营养、运动与休息的生活形态。（3）除将健康营造诉诸公共政策实现之外，亦积极导入民间活力协助计划的实现。

近年来，日本国内高龄化人口增长（2003年65岁以上人口占总人口17.6%，推估2015年时65岁以上人口达到1/5，成为超高老龄社会）、出生率下降、医疗费用增加（政府预算医疗费用约占1/3）等因素，造成"世代间""地域间""价值观"的不平衡。因此日本政府在2000年3月拟定"第三次国民健康营造对策"十年计划，此计划简称"健康日本21"行动，强调健康增进（Health Promotion）的观点；在2002年8月制定"健康增进法"，进一步赋予"健康日本21"的法律地位。"健康日本21"的推进取得一定的成绩，然而随着日本近年来的非正规就业的增多，家庭结构和区域等方面的变化，由于"健康日本21"中主要关注个人的生活习惯的改变，缺乏对社会环境的考虑，因此在"健康日本21"的基础上，2013年开始推行的"健康日本21"（第二次），提升了社会环境健康的重要性，认为社会环境与个人健康同样重要，两者之间存在着密不可分的联系。

目前，日本已经完成第四阶段的健康城市建设计划（2010～2020年），该阶段以提高人均期望寿命，鼓励健康生活方式，维护、改进和参与社会生活等为主题。随着日本超老龄化时代的到来，患者慢性病多、个体患疾病种类增多、护理需求比例高，2015年日本政府制定了"居家医疗、介护联合推进事业"制度。另外在消除自然灾害隐患如地震和海啸方面，东京的房屋建设着重体现了预防为主的理念，同时在加强健康防护和核电辐射方面也有较高成效。东京政府开展了"营造智能化健康社区"活动，将市内20世纪70年代的老旧社区升级改造，为老人、妇幼提供健康便利的服务。

由东京大都市圈、名古屋都市圈、近畿都市圈为主构成带状城市连绵带，以高铁为纽带形成了多核化发展格局，便捷的新干线串联起东京、横滨等8座大型城市和众多中小城市。四通八达的交通体系，密布于大街小巷的商业网点、医疗机构、养老托儿所以及博物馆、图书馆、公园等城市基础设施，近20年来在信息化基础上快速发展，将庞大的城市群勾联成一个便捷、有序、安全的城市生活网络。

二、日本社区休闲与养老模式系统

日本长期受到老龄化、少子化的威胁，导致传统家庭养老模式日渐退化，故而日本政府对养老金、医疗保险、社保税收的一体化等进行了大刀阔斧的改革，尤其是从 20 世纪 60 年代开始就较为关注社区养老，并创新性地提出了"介护"服务（身体照料及家政服务的融合模式）。其涉及社区养老的健康服务体系、社会保障体系拥有不断完善的法律、日渐完备的专业服务人员队伍，并提供了多元化的服务内容，值得我国学习借鉴。

（一）社区养老与日常服务体系

为从源头预防老年疾病等问题，日本政府提出"活力 80 岁健康计划"，1989 年又制定了养老"黄金计划"，增设老年人社区福利设施，并为低收入老年群体提供上门介护服务。此后社区养老服务不断完善，根据老人的身心状态不同，提供不同种类的医疗保健、身体护理及家政照料服务。此外也提供日托服务或者短托服务，老人白天或者短暂几天在社区养老机构进行日常活动、康复治疗、医疗体检等，可以一边和亲人生活在一起，一边解决日常问题。根据介护法案，老人一般每周可以享受 5 次以内的护理服务，每次 6 ~ 8 小时。

此外，日本一些城市由政府出资，定点设立"社区综合咨询服务中心""社区照顾支持中心"等类似机构，长期派驻具有相关资历的护理人员提供专业的老年人健康咨询服务，以及派驻社区生活交流员为老年人就日常社区生活中的种种问题答疑解惑，同时承担了介护保险服务的介绍签约监督等职责。一些地区经过允许，公开了高龄独居老人的具体信息，并通过社区互助的方式加强社区与老人尤其是空巢老人之间的日常联系。

（二）社区养老法律保障体系

第二次世界大战后日本相继颁布了《老人福利法》（1963）、《老人保健法》（1982）、《介护保险法》（2000）等相关法律，出台了《高龄老人保健

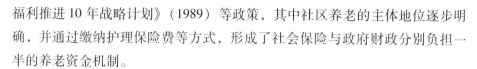

福利推进 10 年战略计划》（1989）等政策，其中社区养老的主体地位逐步明确，并通过缴纳护理保险费等方式，形成了社会保险与政府财政分别负担一半的养老资金机制。

（三）社区养老组织与运营体系

日本养老组织大致可分为政府力量、非营利民间组织、社区互助及提供专门养老服务的企业。政府层面，厚生劳动省下设健康局，包括健康增进课，并针对老年群体下设老健局，作为老年人福利行政中枢机关。政府将行政权力下放，鼓励社会各方力量、人才的广泛参与，着力推行社区居家养老服务模式。尤其是对民间非营利组织给予大量政策支持，如制定《特定非营利活动促进法》（1998），该法大部分内容集中于对老年人及残疾人等弱势群体的帮助，有力地推动了帮助老年人等弱势群体的民间组织的蓬勃发展。此类组织对社区养老困境的具体情况往往有着近距离观察，并能提出行之有效的解决办法。如政府为"介护保险"提供部分资金，但其具体承保和实施等下放到民间组织，所以各社区提供的介护服务形式多样、灵活多元。

（四）社区养老人力资源保障体系

针对社区养老服务人才的不足，日本一方面通过宽松的留学生政策以及针对性极强的外国人留日就业政策等吸纳外部人力资源；另一方面，政府出台《社会福祉士和介护福祉士法》（1987），通过学校教育（如社会福祉士为本科教育）和相关资格认证（如介护福祉士为职业教育，须通过资格考试），培养了一支全方位专业养老服务人才队伍。根据日本介护协会的报告，日本九成养老服务人员的学历为高中及以上。除此之外还有《福祉人才确保法》（1992），对养老专业化人才的培养过程，乃至其社会地位予以法律上的保证，从而保障了社区养老服务人才的稳定持续供给。

同时，政府也采取对老年人口积极雇用的政策，1971 年实施《中老年人就业促进法》，号召老年人发挥余热，担起社会责任。1978 年日本实施"中老年人雇用开发补助金"制度，促进了老年人口的就业。2004 年实施《高龄者雇用安定法》，各地设置老年人就业服务窗口，为老年人提供就业咨询，各地老年人才中心也积极对接企业和老年人，引荐大量短期就业机会。

三、日本灾害治理防治系统

20世纪90年代，日本在原有防灾管理体系上建立全方位的、综合性的应急管理体系。政府、市场、"第三部门"共同参与构建日本的应急防灾模式，即整体政府危机管理体制与广域危机管理体制联动模式，具体包括突发公共卫生事件应急管理的组织体系、法律体系、信息化体系、保障体系、全民应急教育体系。日本突发公共卫生事件应急体系的建构为亚洲其他国家提供了参考。

日本列岛地处亚洲大陆和太平洋之间的大陆边缘地带，由于地理和气候条件特殊，台风、暴雨、暴雪、地震和火山活动相当频繁，经常导致人员伤亡和财产损失。在应对灾害问题上，日本将重心放在了"防"上，认为自然灾害不可避免，但可以通过努力防灾尽量减少损失，并以此建立起一套完善的灾害防治系统。

（一）自上而下的行政组织体系

在日本，从中央政府到都道府县，再到市村町，均建立了相应的灾害管理行政体系。其中，中央一级建立了中央防灾会议，这是日本防灾领域最高的行政权力机构，主要负责制定防灾基本计划，商讨其他关于减灾的重要问题，还起着重要的组织协调作用，负责协调各中央政府部门之间、中央政府机关与地方政府以及地方公共机关之间防灾方面的工作。在地方政府一级，分别建立了都道府县防灾会议和市町村防灾会议，负责制定地方的防灾基本计划以及其他计划。由于日本实行地方自治体制，地方主要根据国家防灾基本计划的要求结合本地区的特征，制定出本地区的防灾计划。当灾害发生进入紧急状态时，市村町政府首先建立灾害对策指挥部，提供灾害救援。如果灾害级别提升，则需要在都道府县直至中央一级政府建立灾害对策指挥部（见图2－1）。

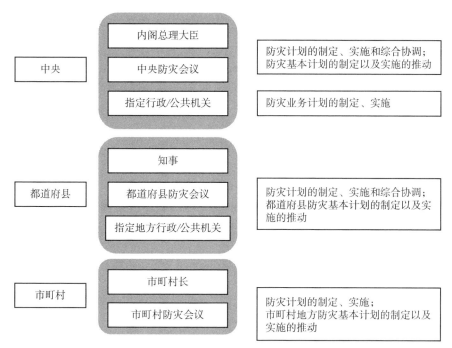

图 2 - 1　日本灾害管理的机构组成

资料来源：马祖琦. 健康城市与城市健康：国际视野下的公共政策研究［M］. 南京：东南大学出版社，2015.

（二）覆盖全民的灾害教育体系

日本在宣传灾害知识和防灾方面的做法也值得借鉴。为了帮助更多的日本人了解和认识自然灾害，日本各地建设了富有特色的防灾中心，其不仅作为当地的防灾教育基地，也是救灾物资储备基地。日本政府还编制了市民防灾手册，介绍当地常见灾害及灾民防灾和自救方法，并拥有多语种版本，方便外国居民学习。各灾害管理机构也有大量报纸、杂志等印刷的防灾宣传品、救灾手册，里面详细介绍避难的地点和面对相关灾害时的应对措施。此外，政府还定期举办多种多样的防灾培训和演练，通过模拟场景训练来强化避难体验，甚至从幼儿开始就重视防灾训练。正是这种定期的演练，使日本民众对灾害时刻保持紧绷状态，同时也造就了他们良好的心理素质，能够沉着应对突如其来的灾难。

（三） 较为完善的灾害管理法律体系

日本制定了较为完善的灾害管理法律体系，使其灾害管理能够有法可依，相关法律法规已经成为日本开展各类灾害管理活动的基础和依据。总结日本灾害管理法律体系的特点：一是建立了灾害管理的基本大法——《灾害基本对策法》，明确了从政府到普通公民等不同群体的防灾责任，促进了综合防灾的行政管理和财政援助。二是建立了围绕灾害周期（备灾—应急响应—灾后恢复重建）的各种专门法律或相关法律，使各类与灾害相关的活动尽可能有法可依。三是确立了以灾害事件推动的灾害法制建设机制。日本许多重要的灾害管理法律法规都是在巨大灾害的推动下颁布实施并不断改进的。

第三章

健康城市治理的中国探索

相比于国际健康城市运动在西方国家城市化水平较高的时代背景下兴起，中国的健康城市运动与城市化基本是同步进行的。20 世纪 50 年代中国为解决全国性的国民卫生健康问题开展爱国卫生运动，至 20 世纪 80 年代中国城市化进程开始加快，卫生运动随之演进为卫生城市运动，从 20 世纪 90 年代开始，健康城市的理念开始逐步在我国得到推广。中国的健康城市建设自上而下先由试点城市开启，随后各大城市的发展路径表现出显著的差异，如北京、上海、深圳、香港等城市各自探索出适用于自身环境条件的路径，形成了中国独特的健康城市建设模式。在试点发展过程中，中国健康城市的规划建设也遇到一定的困难，各大城市均在克服各种挑战中积极探索出路，并取得一定的成果。新形势下中国的健康城市建设面临机遇的同时，也迎来了更多的挑战。

第一节　中国健康城市发展的背景

一、健康城市发展的客观形势

（一）快速城市化倒逼

自改革开放以来，中国的城市化进程不断加快，并在 2023 年达到 66.16% 的城镇化率，北京、上海、深圳等特大城市的扩大速度尤其突出。中国城市快速扩张的动因是曾经占中国人口数绝大部分的乡村人口大量进入城市，人口的大量流动使中国各大城市得以在短时间内迅速成长。然而伴随着乡村人口大量流入城市的是居民对城市基础设施需求的提高，乡村人口的流入使大城市人口密度急剧增加，与之相比城市医疗、交通、教育等公共资源及服务供给的增加和改善显得尤为滞后。城市化增长速率与公共服务供给提高速率之间的差距导致城市发展和城市人口供给间的严重失衡。城市居民的健康生活水平随着全国经济水平提升和城市快速发展得到一定程度提高的同时，也因城市发展和城市公共服务供给之间的失衡受到负面影响，城市快速发展和城市公共服务供给不足之间的矛盾制约着城市居民健康生活质量的提升，进而制约全国人民生活水平的有效改善。在中国发展进入新时代后，推进新型城镇化和"全面二胎"等政策实施，对中国健康城市建设提出了更高要求，健康城市建设的重要性进一步提高。因此实施有效措施推进健康城市建设发展从中国快速城市化开始之初便因其紧迫性备受关注，此后中国城市化发展进入新的阶段，健康城市建设的重要性和发展要求也随之再次提高。

（二）环境保护需求

改革开放之初，中国依靠高能耗、高污染的重工业推动全国经济的快速增长，中国的环境污染问题在20世纪90年代日益显现，中国政府开始愈发重视环境保护和可持续发展战略。中国人口多、人均资源少，在实施环境保护政策时更面临大气污染、水污染、土地退化、生态破坏等多重挑战，因此中国的环境保护问题较其他国家更为严峻。正是基于这样严峻且复杂的国情，中国政府更加重视环境保护，并使中国成为最早宣布实施可持续发展战略的发展中国家。同时中国在实践中越来越清楚地认识到，要在根本上扭转中国环境恶化的局面，必须切实转变经济增长方式。中国在1996年实施"九五"计划，在全国推行"总量控制"和"绿色工程"两大举措，正式开始通过对经济增长方式的调整实现保护环境的目的。正是在这样的背景下，兼顾经济增长与生态保护的健康城市理念得以迅速在中国流行并被推广，健康城市成为通向环境保护与经济增长相协调的一条理想路径。2016年"健康中国"被提升到国家战略高度，尽管此时中国的经济发展方式已经一定程度上从高能耗、环境污染向绿色、可持续发展转型，但传统的经济增长模式已经造成了突出的环境问题并且形成路径依赖，尤其是中部、西部城市需在发展问题尚未充分解决的情形下实现环境友好型的经济增长，因此在新形势下中国城市更需要在健康城市的理念下发展。

（三）国民生活需求

自改革开放以来，中国城镇居民人均可支配收入不断提高，国民的生活需求也随着收入水平的提高变得更为丰富，基本生活需求的要求水准也相应提高。在20世纪90年代"健康城市"理念刚进入中国时，温饱问题仍是中国要着力解决的一大挑战，彼时健康城市理念所提出的要求仍可视为收入水平较高的城市居民的高水平生活需求。然而二十多年后"健康中国"已经成为一项国家战略，此时健康城市的建设已经不再只是满足部分城市居民较高水平的生活需求，而是要满足所有生活或工作于城市的国民基本需求。然而现实中中国城市的生活质量并不能让居民满意，随着中国大城市的发展，交通拥堵、健康服务匮乏、医疗资源调配不均等各方面的城市问题严重影响民生水平的提高。同时，在城市快速发展过程中形成的"城中村"以及各类城市发展不平衡问题也制约着城市的健康可持续发展。民众越发清晰的"美好生活需求"推动着城市规划管理的变革，中国城市的发展需要与民众生活需求相结合，健康城市的建设成为越来越多居民的期望。

（四）社会参与意愿

随着中国城市化和现代化的推进，政府治理需要面对的问题变得越来越复杂多样，传统的自上而下发指令式的治理模式已经难以应对日益凸显和复杂化的社会矛盾，中国城市迫切需要以民众需求为导向的健康城市建设来协调城市政府与民众之间的关系，以实现城市治理的现代化。健康城市与社会参与治理之间存在辩证关系，一方面，健康城市的建设需要社会参与，社会组织的参与能够使城市政府更精确地掌握民众需求以及更精准地施策，同时社会组织还能够帮助化解城市治理过程中极难由政府单方面控制的社会风险；另一方面，在目前我国社会组织发展相对不成熟且数量不足的情形下，建设健康城市需加快社会组织的建设完善，健康城市的内涵本身已经提出加强社会自组织能力的要求。当前中国加强社会组织建设、增进多元主体参与公共事务具有良好的民意条件。随着城市化进程的推进，中国市民的公共意识日益增强，具备参与公共事务治理能力的市民群体也越来越庞大，这既为健康城市建设注入了强大动力，也满足了民众对健康城市建设的迫切要求。

二、自上而下的政策推动

（一）国际共识

1979 年，世界健康大会在《2000 年世界全民健康战略》中明确提出要立即行动改善人民健康和福利状况，彼时中国刚刚开始改革开放，正需要从国际社会学习先进管理理念，事关民生的健康领域工作进入中国的视野。1986 年，渥太华会议召开并通过《渥太华宪章》，《渥太华宪章》明确了健康促进的定义和五大行动领域，奠定了全球健康促进的理论基础和核心策略，此时中国已经在改革开放后实现一定程度的经济增长且在 1982 年将"开展群众性爱国卫生运动"写入宪法，国际社会关于健康城市建设的动态受到国内相关人士的广泛关注和讨论。随后分别于 1988 年和 1991 年召开的阿德莱德会议和松兹瓦尔会议及其成果文件《阿德莱德宣言》和《松兹瓦尔宣言》进一步阐述了为实现《渥太华宪章》所提出的目标需采取的政策及措施，让中国对国际健康城市运动有了更深的了解，"健康城市"理念开始进入中国，将中国原本的"卫生城市"理念进一步拓展。1992 年世卫组织建议中国在部分城市开展健康城市试点。1993 年中国派出代表参加马尼拉会议，经过此次会议，中国对健康城市运动有了充分的理解和认同，并于次年开展试点。后来中国多次参加全球健康促进大会，将国际形成的共识带入国内健康城市建设实践，也将中国实践的经验带给国际社会，中国在与国际社会的良性互动中推进国内健康城市建设发展。2016 年全球健康促进大会在上海召开，这标志着中国的健康城市建设已经受到国际社会的广泛认可，中国也以此为契机在健康中国的战略背景下进一步推动健康城市建设。

（二）国家战略

1. 可持续发展战略。

20 世纪 90 年代，正当健康城市理念被引入中国并且被越来越多人认可的时候，中国正式通过《中国 21 世纪议程》，并且将可持续发展战略纳入"九五"计划，中国明确提出要实现经济、生态和社会的可持续发展。彼时中国城市生态环境失调问题初显，城市迅速膨胀、人口密度增大、工业化城市化进程加快是导致城市生态环境失调的主要原因，中国政府需要控制城市快速发展导致的生态环境问题，同时又需要维持经济的高速增长，因此中国提出经济发展由粗放型向集约型转变。可持续发展战略的提出和实施无疑有效推动了健康城市建设的发展，健康城市理念强调的以人的健康为中心、健康人群、健康环境和健康社会的有机结合十分契合可持续发展战略的要求，并且为中国城市落实可持续发展战略的实践提供了方向。在可持续发展战略的大背景下，中国开启健康城市建设试点，各大城市积极推动健康城市建设实践，在数年间积累下非常丰富的实践经验。

2. "五位一体"总体布局。

2012 年党的十八大召开，会上提出将生态文明建设纳入"五位一体"总体布局，此后中央政府出台一系列生态文明建设举措。相比于此前提出可持续发展战略，此时的"五位一体"总体布局的提出伴随更明确且更具可行性的行动计划和落实方案，新型城镇化、海绵城市、智慧城市等概念的提出以及相应试点地区的设立都给健康城市的建设提供了重要的参考，健康城市强调以人的健康为中心协调环境与社会发展，而智慧城市等理念则更突出未来城市建设应实现的目标，健康城市与其他理念相辅相成；同时伴随着"五位一体"总体布局的提出，北京、上海、广州与深圳等各大城市的发展方向更加明确，例如北京的非首都功能疏解，为健康城市建设提供了更坚实的着力点。因此在"五位一体"总体布局提出后，健康城市的建设获得了更好的发展环境，健康城市建设在新的国家战略布局下进一步发展。

3. "健康中国"战略。

2016 年中共中央、国务院印发并实施《"健康中国 2030"规划纲要》，正式将健康中国战略提升到国家战略层面。与以往的环境保护和公共卫生政策不同，随着健康中国战略的提出，大卫生观、大健康观在全国范围被广泛传播。大卫生、大健康观念指超越卫生医疗政策范畴和卫生医疗部门认识以及推进卫生和健康事业，把卫生医疗服务之外的其他各种影响健康的因素纳入健康工作，即改变过去以治病为中心的卫生工作理念和服务方式，转变为以人民健康为中心。在现代社会，"健康"这一概念已经逐步由最初的专指人体生理上的健康拓展到包括社会资源在内的一个人所拥有资源及身体能力的完备，个人的健康深受自然环境和社会环境的影响，且健康的要求会随着社会经济的发展而不断提高。因此从社会政策制定的角度出发，要保障真正的国民健康，就需要以人的健康为中心积极采取包括医疗卫生、社会保障、住房与环境在内的各方面政策，不断提高民生水平。可见，健康中国战略与健康城市建设的目标基本一致，可以将健康中国战略理解为由健康城市建设等各种健康理念综合而成的更高层次的战略理念，健康城市建设则是健康中国战略实施的重要一环，因此健康中国战略的提出是对健康城市建设的再一次推进。

第二节　中国健康城市治理的历程

中国的健康城市运动开始于20世纪90年代，距今仅有不过30年的发展历程，但健康城市在中国并非无源之水，实际上健康城市建设是中国城市化进程中的必然一环。早在新中国成立之初名为爱国卫生运动的清洁卫生运动便已经在全国上下推开，后来随着中国城市化进程的加快，健康城市理念及相应的行动顺理成章地被引入中国。健康城市建设和中国的很多政策一样，都是从最初的试点开始，随后逐渐向全国范围扩散，而以健康城市建设为基础的健康中国战略更在2016年上升为国家战略。从整体上看，中国的健康城市建设推进十分迅速，从开始试点到全面推广再到上升为国家战略，总共不过短短二十多年，本节将梳理健康城市建设运动引入中国的全过程。

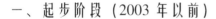

一、起步阶段（2003 年以前）

中国的健康城市建设最早可追溯至 1952 年以前总理周恩来为主任的中央防疫委员会（后更名为"爱国卫生运动委员会"），中国自此开始全国性、全民性、全方位的爱国卫生运动。1982 年"开展群众性卫生活动"被写入宪法，其重要地位得以明确。20 世纪 80 年代末中国兴起"国家卫生城市"运动，该运动由全国爱国卫生运动委员会组织开展，强调重视城市建设和管理中的卫生理念。20 世纪 90 年代"健康城市"理念引入中国，"卫生城市"理念得到拓展，转变为"健康城市"。世界卫生组织在 1992 年建议中国在部分城市开展健康城市试点，并在 1993 年 8 月于马尼拉召开关于城市卫生发展双边地区会议，中国原国家卫生部组团参加会议，标志着中国健康城市规划活动的正式开始。1994 年，世卫组织对中国进行考察，确认了中国开展健康城市规划运动的必要性和可行性，随后中国以北京市东城区、上海市嘉定区为试点地区启动健康城市建设项目试点，两试点地区建立世卫组织健康城市合作中心支持工作，并结合本地社会发展总体规划制定《健康城市发展规划》，两地区工作各有侧重。1995 年 6 月，海口市和重庆市渝中区成为新的试点地区，其中海口市成立以市长为组长的健康城市运动规划协调小组，将健康城市与创建生态城市、旅游城市、卫生城市相结合，提出"健康为人人，人人为健康"的口号，并创办《健康城市》杂志，一系列措施得到世卫组织的高度评价。1995 年 10 月，世卫组织对重庆市渝中区、海口市、上海市嘉定区进行项目考察和评估并给予高度评价。随后大连、苏州、日照等地先后加入健康城市建设行列，2001 年全国爱国卫生运动委员会向世卫组织正式申报将苏州市作为我国第一个健康城市项目试点城市。

在 20 世纪 90 年代以前，中国的爱国卫生运动着眼于快速提高全民卫生意识、改善全国卫生条件，在中国贫穷落后且拥有庞大人口基数的背景下爱国卫生运动取得了巨大的成就。在多年的实践后，中国的城乡环境卫生面貌得到有效改善，群众文明卫生素质及健康水平和素养显著提升。从 20 世纪 90 年代开始，健康城市的理念开始逐步在我国得到推广。1994 年，在卫生部与世界卫生组织合作的带动下，我国开始了创建健康城市的试点工作，北京市东城区、上海市嘉定区被纳入试点范围，两区结合各自特点，制定了《健康城市发展规划》，并确定了工作的重点。在接下来的几年间，陆续又有若干城市和地区加入到健康城市规划中。

改革开放后中国快速的城市化以及粗放的发展方式带来众多环境问题，脱胎于全国爱国卫生运动的"国家卫生城市"运动开始针对城市卫生问题，随后被引入中国的"健康城市"理念进一步将治理议题拓宽至包括卫生、环境等在内的各方面健康问题，在世卫组织的支持下中国经过众多城市的试点实践初步探索出适用于中国城市的"健康城市"建设道路，由此为中国"健康城市"的全面发展奠定良好基础。

二、全面发展阶段（2003～2015 年）

2003 年后，受"非典"冲击下的中国更为重视城市健康问题，健康城市建设进入全面实质性发展阶段，中国健康城市试点快速推广。与此同时，上海市政府于当年出台《上海市建设健康城市三年行动计划（2003－2005）》，成为中国首个开展健康城市建设的特大型城市，随后全国大部分省市陆续制定出适用于当地的健康城市规划方案。2005 年 5 月，"健康城市联盟中国分部"于苏州市建立，2007 年全国爱国卫生运动委员会办公室（以下简称"爱卫办"）确定北京、上海、杭州、大连、张家港、克拉玛依六个城市为健康试点城市。2008 年和 2010 年全国爱卫办分别于杭州、大连举办健康城市市长论坛，并发表健康城市杭州宣言、健康城市北京倡议等，同时，上海、杭州、苏州、大连、克拉玛依、北京市西城区、上海市闵行区和金山区等地先后被纳入世卫组织健康城市试点。2013 年中国城市发展研究会课题组发布《中国健康城市评价指标体系以及 2013 年度测评结果》，健康城市建设实践开始走向体系化；同年 3 月全球首个世卫组织健康城市合作网络在上海启动，上海相继举办"沪台健康城市论坛"和"国际城市健康论坛"，并印发《上海市建设健康城市 2015—2017 年行动计划》，健康城市建设越发受到重视。2014 年 12月，国务院发布的《关于进一步加强新时期爱国卫生工作的意见》中明确提出要探索开展全国范围的健康城市建设工作；2015 年 10 月，党的十八届五中全会作出推进健康中国建设的重大决策。至此，中国健康城市建设在深度和广度上都已取得卓有成效的发展，且已经开始逐渐上升为国家战略。

这一阶段是中国城市化进程继续快速发展的重要时期，在经历 2003 年"非典"的冲击后，中国各大城市迫切需要城市政府以保障民生为目标采取科学有效的治理手段提高城市健康程度，各大城市市民形成提高城市卫生环境质量、共建健康城市的共识，中国各大城市的健康城市试点得以顺利铺开。另一方面，中国加入世贸组织、北京举报奥运会等各种事件加强了中国与国际的沟通交流，中国国民既希望给国际更良好的中国形象，同时也因接触到更多国际先进健康城市事例认识到城市健康环境建设的重要性。因此，这一阶段中国各大城市的健康城市建设在上至中央下至民间的各层支持下全民发展。

三、国家战略阶段（2016 年至今）

2016 年中共中央、国务院印发并实施《"健康中国 2030"规划纲要》，该纲要中明确把健康提升到国家战略高度，要求将健康摆在优先发展地位，同时将健康融入公共政策制度各环节，以实现促进人的全面发展和经济社会可持续发展的目标。同年 7 月，国务院全国爱国卫生运动委员会印发《关于开展健康城市健康村镇建设的指导意见》，该意见提出我国健康城市发展的目标和方向，我国健康城市建设实践开始在国家战略背景下全面推开。同年11 月，全球健康促进大会在上海召开，会议达成《健康城市上海共识》，与此同时，国家卫计委发布《全国爱卫办关于开展健康城市试点的通知》，确定 38 个城市为全国健康城市建设首批试点城市，积极推进健康社区、健康机关、健康企业、健康家庭等"健康细胞"的建设。

在"健康中国"战略全面推开并落实到健康城市建设后，中国健康城市建设发展迅速，并取得较好的成效。在健康城市建设期间，中国多次召开中国国际健康城市市长论坛、健康中国论坛等理论与实践交流活动，北京和上海也分别举办健康城市国际大会，中央与地方政府同时积极推进健康城市建设。与此同时，大部分参与健康促进运动的城市都结合自身实际情况制定出可行的规划或行动方案，并在专门的组织机构负责下落实和协调健康城市建设方案，实施了多种健康促进措施增进居民健康水平，积累下大量实践经验的同时有效改善了居民健康水平。经二十多年的探索发展，中国积累下丰富的实践经验，并在实践过程中结合中国传统文化风格逐步形成具有中国特色的健康城市建设道路，在"大卫生"建设理念下实行"政府主导、部门协作、社会参与"运行机制，"政府规划＋项目推进"建设方式成为中国健康城市建设的范式。世卫组织多次对中国健康城市建设实践给予肯定和高度评价，2017年，在纪念中国爱国卫生运动开展65周年之际，世卫组织表彰爱国卫生运动取得的辉煌成就及其为世界作出的贡献，并向中国政府颁发"社会健康治理杰出典范奖"。

2018年，紧扣我国健康城市建设的目标和任务，旨在引导各城市改进自然环境、社会环境和健康服务，全面普及健康生活方式，满足居民健康需求，实现城市建设与人的健康协调发展。2019年，国务院办公厅出台《健康中国行动组织实施和考核方案》，提出健康中国指数。2022年，全国爱卫办依据《全国健康城市评价指标体系》，对全国健康城市建设工作开展评价，确定了全国健康城市建设样板名单，进一步推动健康城市建设取得更大成效，为建成健康中国奠定坚实基础。

中国健康城市治理历程见图3-1。

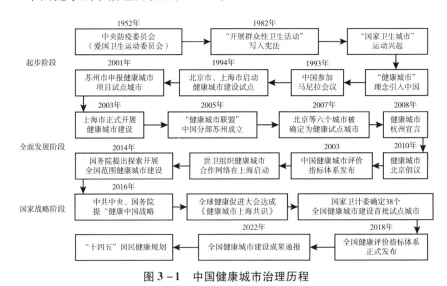

图3-1 中国健康城市治理历程

第三节　中国典型城市的健康城市治理实践

一、香港健康城市治理实践

香港特区因其建设背景、政治体制均与内地各大城市有较大差异，健康城市的建设过程同样不同于内地各城市。总体而言，香港的城市健康水平一直保持在国际较高的水平，香港在很长一段时间内并未直接参与内地兴起的健康城市建设，直至 2019 年末才正式加入健康城市合作计划。因此，香港的健康城市建设走的是与内地城市非常不一样的道路，具有很强的借鉴意义。

（一）发展历程

1. 城市特征。

中国香港特别行政区与中国内地有不同的政治、经济基础和社会背景，香港的公共卫生服务系统从立法到行政都有很强的独立性，在具体管理事务上也不直接隶属于国家卫生部门，因此香港健康城市建设路径与中国内地城市有较大差别，一直以较为独立的姿态开展城市健康建设，与内地城市健康城市建设的历程不同。直至 2019 年 12 月正式参与"健康城市合作计划"，加入健康城市项目的建设。

2. 建设基础。

在中国内地城市开展健康城市建设前，香港已经经历了 20 世纪五六十年代的传染病防治、20 世纪七八十年代的慢性非传染病控制和人口老龄化、20世纪 90 年代的医疗改革等历程。至 21 世纪初，香港地区的公共卫生服务水平已经位居世界前列。因此与中国内地城市普遍的从落后于世界的水平开始实现赶超不同，香港在健康城市理念引入中国前就已经成为在国际上拥有较高公共卫生服务质量的城市。然而由于香港地少人多，人口密度大，传染病对其威胁相当大，尽管香港早已拥有较高的公共卫生服务水平，其对传染病的防控建设依然在不断加强。进入 21 世纪后，香港需要应对急性传染病和慢性非传染病的双重挑战，针对这种情况，香港确定公共卫生新策略，加强多部门合作和公共卫生队伍建设，调整公共卫生和医疗服务资源分配，同时推动市民形成新健康概念，以强有力的健康教育和健康促进方式改变市民的不良习惯。2003 年非典疫情对香港公共卫生服务建设的发展有很大的影响，在疫情结束后，SARS 专家委员会提出，建议设立专门的疾病防控机构。2004年 6 月，由卫生署管辖的香港特区卫生防护中心正式成立，该中心需要负责香港特区包括疾病监测及调查在内的六项主要任务，卫生防护中心下设六个分处分别对应六项主要任务（见图 3 – 2）。2008 年 7 月，为符合世界卫生组织最新颁布的《国际卫生条例（2005）》，香港特区重新修订《预防及控制疾病条例》，采取更有效的措施预防疾病传入香港或在香港蔓延及向外扩散。值得注意的是，2022 年原食物及卫生局改组为医务卫生局，将环境卫生、食物安全、渔农及禽畜公共卫生等职能划拨给新设立的环境及生态局，专注处理医疗服务及公共卫生政策。

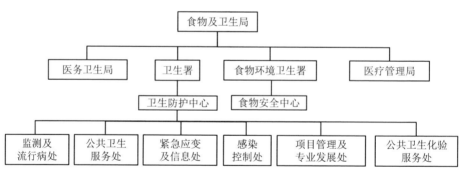

图 3 – 2   香港特区公共卫生服务体系

3. 正式合作。

2019 年 12 月，香港特区政府宣布参与"健康城市合作计划"，并承诺于2020 年进行新一轮全港人口健康调查，以调查成果充实香港特区政府人口健康资料库，以实证为本推行新的卫生政策并进行资源调配以及制定新的预防性医疗服务计划。此外，由于香港与广东、澳门同处于粤港澳大湾区，香港的城市健康与粤港澳大湾区整体的健康密不可分，因此香港特区的公共卫生服务建设也逐渐与粤港澳大湾区整体健康建设接轨。

（二）发展特征

香港特区的健康城市建设正式启动时间较晚，与北京、上海、深圳三个城市相比最后参与健康城市合作计划，但是香港的公共卫生服务建设实际上在中国内地城市开始健康城市建设试点时已远远领先于内地各大城市，且在此后一直保持领先地位，香港特区至今仍是中国内地城市在健康城市建设方面学习借鉴的对象。受政治体制、经济发展、社会背景的影响，香港特区的健康城市建设或公共卫生服务建设模式与内地城市有所差别，但其中也有相通之处。

香港特区公共卫生服务体系在公共卫生服务主体、全民卫生教育、公共卫生防控重点等方面不同于中国内地城市。虽然香港的社区预防保健服务也主要由政府主办或补助，但早在21世纪初香港的基层公共卫生服务网络已经建设完善，整个香港特区的公共卫生服务体系以基层卫生机构为主。香港早在20世纪中期就已经开始推行全民健康教育和相关宣传工作，到21世纪，香港市民的健康防病意识已经很强，因此香港更容易使用鼓励性、引导性的政策提升城市及市民健康水平，也能更有效地降低疾病发生率。此处，香港因特殊地位始终面临传染病的严峻挑战，因此在制定公共卫生服务政策时，香港特区更注重对传染病进行防控，在传染病防控措施及防控技术等各方面，香港特区的经验能够给予中国内地城市很多有益的启示和借鉴。

二、北京健康城市治理实践

北京作为中国的首都，其城市形象具有很重要的意义，因此北京一直以来都极为重视城市环境建设，经历2008年奥运会后维护良好城市环境更成为北京市民的基本共识。而作为一个经济、社会、文化繁荣的大都市，北京市民的市民意识普遍更强，对公共卫生服务的需求也较高，另外北京市政府在建设健康城市时能够调用的民间力量也更丰富。因此北京的健康城市建设具有很鲜明的首都特征。

（一）发展历程

1. 建设起步。

作为中国最早开始健康城市建设试点的城市之一，北京于1994年将东城区作为试点启动健康城市建设项目，并且建立世卫组织健康城市合作中心以支持健康城市建设工作，北京市东城区作为健康城市项目建设试点区所取得的经验成果为全国各大城市的健康城市建设试点以及后来的全面推广提供了支持。2008年北京市西城区也被纳入世卫组织健康城市试点。2008年北京奥运会召开，自2001年北京申奥成功后，北京市一直十分重视提高北京城市环境质量，并且投入了大量资金进行城市环境建设，同时开展群众卫生教育活动，使健康观念深入人心，北京市健康城市建设进入新的阶段。

2. 全面推进。

2009年北京市政府发布《健康北京人——全民健康促进十年行动规划（2009－2018）》（以下简称《规划》），明确北京市健康城市建设的方向，《规划》提出"做健康北京人、创建健康北京城"，以将北京建设为拥有一流"健康环境、健康人群、健康服务"的国际化大都市，并明确十一项主要指标和九大健康行动。2011年北京市政府制定实施《健康北京"十二五"发展建设规划》，正式启动实施健康城市建设工程，北京市也正式进入全面建设健康城市的阶段。同年11月，北京健康城市建设促进会成立，成为国内首家专门针对健康城市建设而成立的跨部门民间社团组织，北京健康城市建设促进会的成员来自北京市委、市政府多个委办局以及主要媒体系统和部分专家学者、社团组织、企业等，此后多年间促进会开展包括专题研究等多种形式的活动，帮助北京市委、市政府开展健康城市建设。2016年北京市制定《北京市"十三五"时期健康北京发展建设规划》，相比于前一轮规划，该轮规划突出健康中国战略、京津冀协同发展战略、"互联网＋健康管理"对北京市健康城市建设带来的新发展机遇。2017年9月，北京市委、市政府印发《"健康北京2030"规划纲要》，"健康北京"行动正式在健康中国战略背景下提出，成为首都城市发展的重要战略。《规划》提出"健康优先、政府主导人民共建共享、深化改革、公益性与公平性、服务首都城市战略定位"五项原则，明确 2020 年城市健康基础设施水平全面提升、2030 年健康中国首善之区基本建成的总体目标，并提出 17 项约束性指标和 11 项预期性指标及涵盖全民健康促进工作等多个方面的多项举措，其中与其他城市不同的是，《规划》中明确提出将北京健康城市建设与京津冀健康协同发展结合，要在健康资源布局、公共卫生合作、医疗服务保障体系、协同发展保障机制四个方面推动京津冀健康建设的协同发展（见图 3－3）。

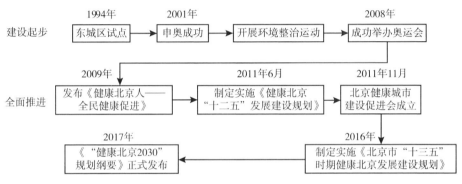

图 3－3 北京健康城市建设历程

（二）发展特征

北京市开展健康城市建设的特征是起步早、多部门合作、民间智库参与、区域协同共建。北京市东城区作为中国最早的两个健康城市建设试点区之一，其重要意义自然不必多言。随后因举办 2008 年奥运会，北京市投入大量资金开展城市健康环境质量建设，在全国人民的关注下，这些城市健康环境建设的举措及成效起到了良好的带动效应，间接地推动了全国健康城市的建设发展。北京的健康城市建设从一开始便注重调动多部门的合作共治，在 2011 年启动实施《健康北京"十二五"发展建设规划》后，更以多个部门成员为基础组建起北京健康城市建设促进会，促进会成员来自北京市委市政府 20 多个委办局和新华社、人民日报、北京日报等主要媒体，以及专家学者、社团组织和企业，通过这一组织北京市大部分能够为健康城市建设提供助力的组织都被串联起来，多个组织部门形成合力共同建设健康北京。北京市拥有众多高校和科研机构，为数众多的专家学者和民间智库都生活于北京，他们能直接感受到北京开展健康城市建设的必要性，因此北京市能够充分调用这些民间智力资源，使民间力量真正参与到健康城市建设工作中。京津冀协同发展战略既是北京市需要面对的一项挑战，同时也给北京提供了很多机遇，一方面京津冀协同发展战略要求北京在完成自身健康城市建设的同时也需要兼顾京津冀地区的整体建设，提高了北京市建设健康城市的难度；另一方面，京津冀协同发展战略进一步明确了北京的首都功能，通过非首都功能疏解等举措，北京市能够从区域整体协同发展中获得北京建设健康城市所需要的空间和更多的政策可能性。

三、上海健康城市治理实践

上海是中国最早开展健康城市建设试点的城市之一，并且最早做出系统的健康城市建设规划，在随后中国各大城市健康城市建设全面发展的阶段，上海市的健康城市建设工作也同样为全国各大城市提供了宝贵的经验。上海之所以会在国内率先开展健康城市建设与其独特的历史背景有密不可分的关系，在健康城市建设正式开始前，上海市已经以约 1700 万的常住人口数成为中国规模最大的城市，而且上海市内每天的流动人口高达百万，保护市民的健康和维护城市环境历来是上海市政府的重要职责。因此上海一直以建设健康国际大都市为目标，以系统性的多轮规划推进健康城市建设。

（一）发展历程

1. 五轮行动计划。

2003 年上海市政府正式启动实施《上海市健康城市三年行动计划（2003 – 2005 年）》，上海市的健康城市建设工程正式开始，至 2017 年上海共制定并实施五轮建设健康城市行动计划。自 2003 年开始，上海市启动实施的五轮健康城市建设工程的目标和主要举措都有所区别，反映了不同历史背景以及不同发展阶段下上海健康城市建设的差异。第一轮行动计划于 2003 年至 2005 年实施，其行动目标是显著改善生态环境使总体环境质量处于全国大城市先进水平，同时进一步提高市民的身体健康水平。在这一轮行动中上海市主要采取的是以保护生态环境为主、加强市民健康意识为辅的行动方式。第二轮行动计划于 2006 年至 2008 年实施，从这一轮行动计划开始，上海市健康城市建设的重点任务转向市民的健康服务，该轮行动的目标是健全促进全民健康的社会支持系统、建立能有效激励全社会参与健康城市建设的可持续行动机制，使市民健康素质、环境健康水准、社会健康评价提高到更高水平，这一轮行动中上海市采取了更多保护市民身心健康的行动，将健康城市建设细化到健康社区、健康单位等更具体的层面。第三轮行动计划于 2009 年至 2011 年实施，此次行动计划更加注重市民本身的健康建设以及市民的参与，其目标是完善建设健康城市的政策环境、公众参与机制和全民健康的社会支持系统等，这一轮行动中上海市着力于鼓励市民积极参与、引导市民一同净化城市人居环境、增强市民健康意识。第四轮行动计划于 2012 年至 2014 年实施，在这一轮行动计划制定的过程中，上海市明确将"完善与社会经济发展相适应的'政府主导、部门合作、社会动员、市民参与'的健康促进工作机制和体系"作为行动目标，上海市健康城市建设的框架基本形成。第五轮行动计划于 2015 年至 2017 年实施，第五轮行动重点在于提升健康城市建设的社会动员和支持能力，即重点建设第四轮行动计划中提出的健康促进工作机制体系中的"社会动员"和"市民参与"，上海市健康城市工作已经由最初的政府自上而下抓落实转向发动市民共同参与，该轮行动计划中提出的重点任务也着重强调"市民行动"。五轮行动计划启动实施后，上海市基本完成健康城市工作机制体系的框架建设，上海即将进入全面深化推进健康城市建设的新发展阶段（见表 3 - 1）。

表 3 - 1　　　　　　　　　上海五轮健康城市行动计划内容

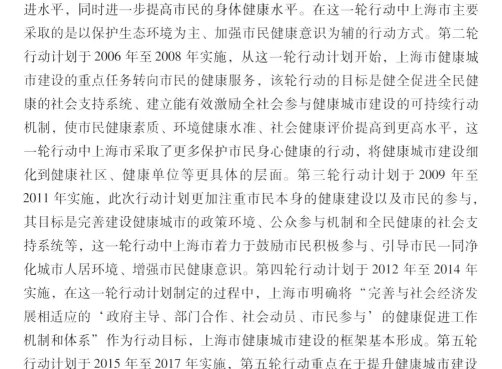

行动计划周期	行动目标	主要任务
第一轮 （2003 ~ 2005 年）	显著提高生态环境、市容环境和居住环境质量，各项生态环境指标和总体环境质量处于全国大城市先进水平，进一步提高市民的身体健康水平	营造健康环境；提供健康食品；追求健康生活；倡导健康婚育；普及健康锻炼；建设健康校园；发展健康社区；创建精神文明

续表

行动计划周期	行动目标	主要任务
第二轮 （2006～2008 年）	健全促进全民健康的社会支持系统，基本建立能够有效激励全社会参与健康城市建设的可持续行动机制。市民健康素质、环境健康水准、社会健康评价提升到一个更高水平	完善健康服务；营造健康环境；保障健康食品；倡导健康行为
第三轮 （2009～2011 年）	完善建设健康城市的政策环境、公众参与机制和全民健康的社会支持系统；进一步控制影响人群健康的各类环境因素；全面提高市民健康素养、倡导健康生活方式，不断提升城市综合竞争力，促进人与环境和谐友好相处	完善健康服务；营造健康环境；加强健康管理
第四轮 （2012～2014 年）	完善与社会经济发展相适应的"政府主导、部门合作、社会动员、市民参与"的健康促进工作机制和体系，进一步推广全民健康生活方式，逐步提高全民健康素养和环境健康水平，促进人与环境、社会的和谐可持续发展	人人健康膳食行动；人人控烟限酒行动；人人科学健身行动；人人愉悦心身行动；人人清洁家园行动
第五轮 （2015～2017 年）	提升健康城市建设的社会动员和支持能力。积极整合健康教育与健康促进资源，探索拓展健康传播的渠道和方法，提高健康促进支持性环境建设的水准和覆盖面，加大全民健康生活方式推广和全民健康素养促进行动力度，引导市民掌握更多的健康自我管理技能。努力提高全人群的健康行为形成率，切实促进整个城市人群健康与环境健康协调发展	营造与维护健康支持系统：优化社区健康支持环境；完善场所健康促进措施。推行与促进人群健康管理：拓展健康自我管理内涵；开展健康家庭建设

资料来源：根据公开资料整理。

2. 健康城市战略。

2018 年 4 月，上海市出台《"健康上海 2030"规划纲要》（以下简称《规划纲要》），2019 年制订《健康上海行动（2019－2030 年）》，正式实施健康上海行动，使上海健康城市建设进入新的发展阶段。上海市在《规划纲要》中提出"健康优先、改革创新、科学发展、促进公平、共建共享"五项原则，原则中多次强调以人为本，健康优先原则要求公共政策制定实施全过程融入促进健康理念，科学发展原则要求"构建以人民健康为中心的整合型服务体系"，促进公平原则要求实现健康领域基本公共服务均等化、保障弱势群体的健康从而实现高水平全民健康，共建共享原则要求加强社会参与和个人责任以形成全社会的合力。《规划纲要》提出健康上海建设的 23 项主要指标，涵盖市民健康水平、健康生活、健康服务和保障、健康环境、健康产业五个方面，并依照健康上海行动的战略目标提出相对应的 55 项战略举措及其保障措施。上海市于 2019 年启动实施的《健康上海行动（2019－2030年）》依照《规划纲要》的基本原则和总体目标，进一步明确建设健康上海的具体行动措施，共提出 100 项重大行动，涵盖提高市民日常生活质量、完善医疗体系建设、增进社区健康服务等多方面，以全方位的健康服务建设举措解决上海市日益复杂的健康环境问题，完善上海健康城市建设。2021 年以来，健康上海行动成绩斐然，由政府主导，建立健全制度保障，把健康教育与健康促进纳入医院发展战略，打造健康促进"主阵地"与健康科普"主力军"。建立建成健康上海行动推进机制，为深化推进健康上海提供制度保障。着重关注重点人群和主要健康问题，推动健康科普，利用科技赋能，提升科技健康传播软实力，建设健康城市典范。

（二）发展特征

上海市作为中国最大的经济中心，在健康城市建设开展之初便已经面临人口膨胀、流动人口基数大等大城市病的威胁和挑战，同时上海市作为中国重点建设的面向世界的国际化大都市也对城市的健康环境建设提出了很高的要求。由于上海的市场经济发展程度较高，上海市面临的城市问题与国际各大城市很相似，并且上海也急需解决这些问题以实现更高水平的城市发展。基于这些原因，上海市作为中国各大市开展健康城市建设的先行者一直紧跟国际健康城市建设的先进做法，充分吸收国际经验并且加以创新，形成具有中国特色和上海特色的健康城市建设模式。

上海市的健康城市建设具有先进性、系统性、科学化的特征。上海作为最先开展健康城市建设试点并最先做出健康城市建设规划的城市，其每一次行动都领先于中国各大城市，这源于上海在开展健康城市建设时始终以建设国际一流健康环境质量大都市为目标，明确的目标使上海能够在制定行动计划时选择最正确的国际经验进行学习，从而结合上海本身城市发展水平高的优势率先开展健康城市建设并将其先进性维持至今。上海市广泛吸收国际经验开展健康城市建设，立足于国际各大城市的实践经验之上的上海很快形成了一套行之有效的行动方案，连续5轮的三年行动计划让上海市健康城市建设步步推进，且每一轮规划之间有明显的发展和连贯，从最初第一轮行动计划注重环境保护到第五轮行动计划以市民的健康需求为中心，健康城市理念被充分贯彻于上海的建设实践中。在制订行动计划时，上海市特别重视效果的可评估性，尽量避免评估标准的模糊，使用科学严谨的量化标准衡量行动成效，使得上海的健康城市建设始终可以被清晰评价。

四、深圳健康城市治理实践

深圳作为中国改革开放的先行地，其经济、社会建设多年来处于国内领先地位，具有相对较高的城市综合竞争力。深圳市的现代公共卫生服务建设起步较早且成效显著，于1992年成为首批"国家卫生城市"。此后随着经济的快速发展，深圳城市规模不断扩大，深圳开始面临越来越多的城市化进程中出现的环境与民生问题，主要体现在住房紧张、环境污染凸显、居民健康风险增高等各方面。自中国的健康城市建设开始后，深圳市虽然没有在早期直接加入健康城市试点或开始以健康城市为主题的建设工作，但近三十年来深圳市提高城市环境质量、提高城市医疗卫生水平、保障居民健康生活的工作并不滞后，在正式开始健康城市建设前，深圳市可谓是无其名而有其实。

（一）发展历程

1. 建设起步。

自1992年获得"国家卫生城市"称号后，深圳市不断出台公共卫生服务建设的相关政策，在世纪之交创造出良好的健康环境。2001年6月，为贯彻落实可持续发展战略，深圳市出台《加强我市生态环境建设和保护实施可持续发展战略的实施方案》，明确提出未来生态环境保护工作需遵循的原则以及建设的重点任务。2003年4月，正值"非典"疫情暴发之际，深圳市出台《深圳市区域卫生规划（2001–2010年）》，该规划详尽地分析出当时深圳市健康工作的状况，对此前公共卫生工作的成效及不足做出系统性评判，确立深圳市10年内健康工作的目标并制订相应的行动计划以及重点任务。2004年5月，深圳市政府出台《关于全面加强我市公共卫生体系建设的实施意见》，进一步明确公共卫生体制建设方向以及建设目标和框架，并提出具体的建设重点任务及配套措施，至此深圳市公共卫生服务体系的全面系统建设正式开始。2005年10月，深圳市出台《创建国家"生态园林城市"工作方案》，提出深圳建设国家"生态园林城市"的战略目标，开始全面推进生态环境建设，同时强调提高公共卫生服务建设，深圳市的生态环境建设开始与公共卫生服务体系建设同步推进，健康城市理念得到体现。

2. 精细化发展。

从2006年开始，深圳市的生态环境建设和公共卫生服务建设开始逐步精细化，政策立足点逐渐由此前的宏观规划转向从居民需求出发。2006年5月，深圳市政府出台《发展社区健康服务的实施意见》，2007年深圳市社区健康服务工作领导小组成立。社区健康服务建设是此前深圳市公共卫生服务建设规划中提出的重点任务之一，社区健康服务建设不易取得令人瞩目的成果却直接关系居民的健康，是深圳市公共卫生服务建设遵循健康城市理念并以人的健康为出发点精准施策的一次体现。2007年2月，深圳市出台《加强环境保护建设生态市的决定》，进一步完善生态环境建设的工作方向。2010年深圳市政府出台《创建宜居城市工作方案》，提出将深圳市建成"宜居城市"，这是继"生态园林城市"后深圳市提出的又一个城市建设目标，宜居城市建设目标更强调从居民的生活需求入手改善城市人居环境。2012年5月深圳市政府出台《深圳环境质量提升行动计划》，该行动计划是对深圳市"十二五"规划中有关生态环境部分规划的落实，明确提出了深圳市提升环境质量所需实现的具体目标以及建设方向。在这一阶段，深圳市的生态环境建设工作与公共卫生服务建设工作紧密结合，工作着力点已经落实到居民的现实生活需求。2016年，深圳市率先提出建设儿童友好型城市，发布《建设儿童友好型城市战略规划（2018—2035年）》和《建设儿童友好型城市行动计划（2018—2020年）》，这是深圳健康城市建设精细化发展的一个重要体现，深圳市将城市发展理念中以人为中心的原则进一步深化，做出更具体的以儿童需求为中心的发展规划，对中国健康城市建设进行了新的探索。

3. 智慧产业化发展。

从 2013 年开始，深圳市的健康城市建设进入智慧化、产业化、精准化发展阶段，并且于 2016 年正式加入健康城市建设行列。2013 年 10 月，深圳市政府出台《智慧深圳建设实施方案》，对深圳市智慧城市建设以及智能化产业发展做出规划，深圳市开始进入智慧化管理建设阶段，其中提出的一项重要任务是"提升医疗卫生信息化服务水平"，要求公共卫生服务开始全面信息化、智能化建设，以更高效的公共卫生服务保障居民健康生活。2014 年，深圳市出台《深圳市生命健康产业发展规划（2013－2020 年)》，该规划立足于深圳市发达的电子信息产业和生命健康产业，提出将电子信息产业和生命健康产业结合的发展方向，重点发展生命信息领域、高端医疗领域等以现代电子信息技术与现代医学相结合保障居民生活健康的健康产业，深圳市的公共医疗卫生服务开始与高端产业融合。2015 年，深圳市出台《"医疗卫生三名工程"政策措施》，以打造国际医疗中心为目标，采取积极措施引进国际知名医生、知名医院、知名诊所等医疗资源，如果说此前的生命健康产业发展规划为深圳市健康城市建设提供了坚实的"硬件基础"，"医疗卫生三名工程"就是深圳市提升医疗卫生"软实力"的一项重要举措。同年，深圳市出台《打造深圳标准构建质量发展新优势行动计划》，该行动计划提出要在 2020 年建成"民生幸福城市"，以此为目标大力推进教育、卫生、医疗、社会保障等领域的公共服务水平，相比于此前的"生态园林城市"和"宜居城市"，深圳市这次提出的"民生幸福城市"更直接地将居民全面的健康需求作为建设工作的立足点。2016 年 11 月，深圳市正式开始健康城市建设工作，2017 年国家爱国卫生运动委员会制定印发《深圳市建设健康城市实施方案（2017－2020)》，深圳开始全面推进健康城市建设。2017 年 10 月，深圳市卫计委出台《深圳市家庭医生服务管理办法（试行)》，深圳的健康建设进一步细化到居民家庭层面。2019 年 5 月，深圳市卫健委、财政局联名出台《深圳市基本公共卫生服务管理办法》，在明确基本公共卫生服务机构责权划分的基础上，进一步促进基本公共卫生服务均等化，着重保障收入水平较低的居民应当享有的基本公共卫生服务权益。至此，深圳市的健康城市建设已经从最初的宏观布局逐步精细化，发展为智慧化、产业化和精准化。2021 年，在深圳特区建立 40 周年之际，深圳市推出《深圳市2021 年卫生健康工作要点》，统筹推动卫生健康事业高质量发展，努力打造健康中国"深圳样板"，加快实现"病有良医"。2022 年深圳市卫健委出台《卫生健康事业发展"十四五"规划》，对于打造健康中国城市样板提出了进一步的支撑（见图 3 - 4）。

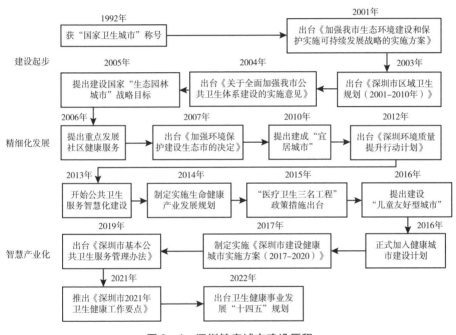

图 3 - 4　深圳健康城市建设历程

（二）发展特征

深圳市是位于中国广东省南部的经济特区，具有一定的制度特殊性同时又仍然与中国大部分城市的行政体制相近，因此可以说深圳在开展健康城市建设时具有的特殊性介于香港和上海之间。深圳市的健康城市建设历程也确实既比上海更特殊一些，又比香港更接近中国各大城市。和香港相似的是深圳早在 1992 年便成为首批获得"国家卫生城市"称号城市，这意味着深圳在中国各大城市即将开始健康城市建设时已经具备较良好的卫生条件，同时深圳作为经济特区享有一定程度的政策独立性，其开展的健康城市建设的考量更多是城市本身的需求，这使得深圳的健康城市建设具有很明显的务实特征和与经济发展的紧密结合特征。

不同于其他城市是在正式参加健康城市合作计划开展建设后才依据"大健康"理念将生态环境保护工作和公共卫生服务工作结合，深圳市在2005年提出要建设国家"生态园林城市"时就将生态环境保护与公共卫生服务工作结合，虽然此时并不是以健康为主而是以生态为主，但这不影响深圳市与最早开启健康城市建设试点的城市一起往"大健康"理念指出的健康城市建设方向发展，深圳因此没有因未参加健康城市合作计划落后于中国其他城市。在此后深圳市逐渐将健康城市建设工作的中心转移到市民的健康上，并且落实到具体的政策措施中，例如加强社区公共卫生服务的建设就是以人的健康为中心的一次体现。同时，深圳作为经济特区十分注重发挥自身的经济和产业优势，深圳在2013年后以自身电子信息产业优势发展智慧化公共卫生服务，以雄厚的经济实力和充足的城市发展活力引进公共卫生领域的先进技术、设施、人才等，形成一种区别于其他城市的将健康城市建设作为与此前发展方向不同的一种战略的模式，即把健康城市建设与经济建设紧密融合，将健康事业与高新技术产业结合作为城市的一项战略产业进行布局，使健康城市建设与经济建设并行不悖。

第四节　中国健康城市治理的经验和存在问题

中国的健康城市建设取得了重要成效，为世界健康城市建设提供了众多经验，集中体现在健康城市的"顶层设计、试点先行、统筹推进"的实施策略，"政府主导、部门协作、社会参与"运作模式以及"医疗健康产业推动"三大方面。同时中国的健康城市治理也存在一些问题并面临着新形势的挑战，分别体现在可持续性、法治建设、社会风险、公共服务、人口结构、风险防范六个方面。概括来说，目前中国的健康城市作为一项工程建设固然取得了

重大的成就，但要成为健康城市治理则还需要继续探索和发展。

一、经验特征

（一）顶层设计、试点先行、统筹推进

中国健康城市建设开展过程十分有序，从最初的北京市东城区和上海市嘉定区两个试点区到后来增加试点区，再到由上海牵头推广到全国各大城市全面发展，最后在"健康中国"战略下统一布局，各大城市推出各自的长期健康城市建设规划，整个过程高效有序。中国能够以这种形式推广健康城市建设得益于政治体制带来的优势，在这种模式下中国的健康城市始终以稳健而高效的步态推进。同时，相对独立的香港特区的健康城市建设又给中国内地城市提供了不一样的建设经验，香港特区相比内地各大城市具有很大的先发优势，并且在此后一直以不同于内地城市的一套系统和模式开展健康城市建设，因此多年来内地各大城市经常派出代表到香港考察学习经验，这也成为中国开展健康城市建设的一个独特优势。

（二）政府主导、部门协作、社会参与

"政府主导、部门协作、社会参与"的健康城市建设模式和框架是中国政府在健康城市建设实践中逐渐探索出来的行之有效的方式。在国外，非政府组织发起健康城市运动并作为主要推动者，但中国因为一开始就是由政府引进健康城市建设试点，随后由政府在全国各大城市推广，因此中国健康城市建设与国外最大的不同点就在于主导者是政府，近三十年的实践经验也说明了在中国由政府推动健康城市建设的高效性。在实践中，中国各城市政府也逐渐认识到，在健康城市建设中广泛发动社会力量参与具有非常重要的意义，因此早在21世纪初中国各大城市开始健康城市的全面发展时各城市政府就已经有意在建设中引入社会力量参与。这种引入在北京的成效尤其显著，北京健康城市建设促进会作为非政府组织在北京的健康城市建设中发挥了非常重要的作用，另外上海等城市也同样在社会参与方面做出创新并且取得一定成效。然而社会参与方面仍存在一定问题，主要原因在于目前中国的社会

组织力量相对薄弱且发展不健全，难以在更多公共事务的治理上发挥应有的作用。因此，"政府主导、部门协作、社会参与"的健康城市建设模式已经被实践证明是在中国行之有效的方式，未来中国更应重视社会组织的建设以实现真正的"社会参与"，将建设健康城市的合力最大化。

（三）医疗健康产业推动

健康城市运动开展之初，其着眼点仅在于以人的健康为中心全面提高居民的健康水平，然而引入中国并经历二十多年的实践后，中国已经开始探索出一条将健康城市建设与经济建设相融合的发展道路。最典型的代表是深圳市，深圳市在2014年正式提出要发展生命健康产业，即将深圳优势的电子信息产业与未来大力发展的医疗健康产业相结合，大力发展高端医疗技术等多种既能实现健康城市建设目标又能为城市产业发展增添新动力的高技术产业。北京、上海等城市同样提出了将医疗健康作为城市产业进行发展的战略决策，要在切实提高城市居民健康水平的基础上进一步优化城市经济结构、推动城市经济发展。中国城市普遍将医疗健康作为一项产业发展与中国国情密不可分，一方面，中国人口老龄化速度已经加快，未来中国的养老和医疗服务市场需求将极其旺盛，各大城市提前布局既能实现经济的持续发展也能避免未来城市医疗卫生资源不足产生社会矛盾的风险；另一方面，健康城市要求城市摒弃传统的高能耗、环境污染性产业，众多城市必须寻找新的产业支撑未来城市发展。

二、存 在 问 题

（一）可持续性：经济新常态下经济发展需求与环境保护需求矛盾凸显

当前中国的发展已经进入新的阶段，面对百年未有之大变局，中国的健康城市建设将面临严峻的挑战。长期以来，中国城市依靠传统的产业实现经济快速增长，在粗放扩张的过程中产生了土地财政等严重影响城市经济可持续发展的问题，建设健康城市意味着各大城市要摒弃传统的高污染、高能耗的产业，向绿色经济转型。对于东部地区经济已经比较发达的大城市而言，经济转型可能只会带来短暂的阵痛，然而对于现代化经济刚刚起步的中部、西部地区城市而言，放弃传统的高能耗、环境污染产业很可能导致城市发展的停滞。特别是在国外市场贸易保护主义重新抬头的今天，中部、西部地区欠发达城市很难形成经济增长优势，在健康城市建设背景下反而需要投入大量资金治理环境、提高城市公共卫生服务水平。如果不能找到新的发展路径，很难保证中部、西部地区城市会在健康城市的框架下以绿色健康的模式发展，如果不能解决中部、西部地区城市的可持续发展问题，中国的健康城市建设将面临严重的威胁，因此现在推进中国的健康城市建设必须找到在健康城市建设框架下适合欠发达城市的可持续发展路径。

（二）法治建设：对可促进健康城市发展的制度保障尚不完善

在中国开展健康城市建设的多年实践中，市场及社会自发形成过不少能够促进健康城市建设的成果，但由于中国法治建设的相对滞后这些创新成果没能得到法律的充分保护，具有很大的经济或社会风险，这些创新成果急需获得可靠的法律保护以充分发挥其长处。市场做出的创新包括近些年备受关注的共享经济，共享经济的出现使资源调配更高效，闲置资源得到最大程度的使用，共享经济的推广能够提高城市资源使用效率，避免城市资源的浪费从而实现健康城市建设所提出的要求。然而共享经济本质上是人们在交易中突出使用权的价值和意义而略过产权的所有，其中的不同带来了现实操作中的很多不确定性，当前我国仍未形成完整的适用于共享经济的配套法律制度，交易各方的权利义务关系不明确，存在引发社会矛盾的风险。

（三）社会风险：社会组织力量不足导致健康服务供需矛盾难以化解

中国已经进入经济、社会的转型期，在转型期内，中国的社会矛盾将日益凸显并且变得越发复杂，且在自媒体的广泛影响下社会矛盾能够跨时空集聚，社会风险增加。然而在这种形势下，中国的社会管理还未实现现代化的转型，2019年中共十九届四中全会提出了推进社会治理现代化改革的方向，这无疑是非常及时的一次战略部署。但是，在中国政府实现治理现代化的过程中，社会风险急剧增加的问题仍时刻威胁着中国健康城市的建设。如果无法聚集社会力量，将各方力量统一形成合力投入健康城市建设，政府就将承担建设过程中的全部风险，这对政府来说是一个巨大的挑战，进而会对包括健康城市建设在内的各种城市发展建设都形成威胁。应对转型期社会风险的最优办法是在公共治理中引入社会组织的参与，然而我国当前的社会组织普遍发展不成熟，主要体现在数量少、制度不规范、功能不齐全等方面，我国亟须补齐社会组织参与公共事务治理的短板，实现社会治理现代化的建设，保障健康城市建设的顺利推进。

（四）公共服务：大城市人口增长与公共服务供给提升严重失衡

自 2011 年中国人口城镇化率超过 50% 以来，中国每年的人口城镇化率都以超过 1% 的速率增长，按照城市发展的一般规律，预计未来很长一段时间内这种发展仍将持续，这意味着中国每年都将有超过 1000 万的人口从农村进入城市。根据学者测算，每个农村人口进入城市需要城市增加的公共服务成本数以十万计[①]，在中国进入经济新常态的背景下，中国城市财政已经日益紧缩，然而健康城市建设和农村人口涌入城市仍要求城市政府不断增加和完善城市公共服务提供。城市公共资源的供给将成为未来中国城市政府需要解决的一大难题，如果城市公共资源不能实现合理调配，将导致健康城市建设陷入空谈而无法落实到市民层面，更有可能引发激烈的社会矛盾。

（五）人口结构：医疗保障制度无法适应人口老龄化加快带来的家庭风险

当前中国国民的疾病谱已经转变，人口老龄化加快意味着中国疾病谱从传染性疾病向非传染性疾病转变，慢性非传染性疾病的治疗将日益成为影响中国国民健康的重要因素。慢性非传染性疾病往往治疗周期长且需要长期药物控制及定期检查，患者接受治疗时需要承担的经济负担较重，常出现患者遭受灾难性医疗支出的情况。另外，受计划生育政策的影响，中国的家庭规模已经逐渐变小，这意味着中国家庭抚养老年亲属的支出比例会更大。在上述两方面的共同作用下，未来中国国民的养老负担将会大幅度加重，政府亟

---

① 资料来源：历年中国统计年鉴。

须为完善养老医疗制度提供保障。

（六）风险防范：缺乏及时有效应对重大公共卫生事件的常态化机制

随着中国城市的不断快速发展，城市人口不断增多，同时全球化交通的快速发展使城市内和城市间的人口流动范围和频率都显著增加，复杂的人口迁移和物质环境等因素导致一旦传染病暴发，传染病在城市内和城市间的传播将极其迅速，这给城市健康发展带来了极大的风险。新冠肺炎疫情令全世界都意识到在高度发达的全球交通下传染病暴发的极度危险性，目前中国城市在重大公共卫生事件应对方面仍有不足，亟须在建设健康城市的过程中完善重大公共卫生事件风险的防范和应对机制。

第四章

健康城市与城市空间治理

作为"健康城市"建设的关键组成部分，城市规划以各类空间要素为依托，通过对空间的规划与布局来优化建成环境、空间分布模式、资源配置方式，以此不断完善城市的生态环境和社会环境，从而不断提高居民的健康水平。为将健康中国战略落实到城乡空间，我国先后出台了多项健康城市评价体系：在宏观上，全国爱卫会于2018年印发《全国健康城市评价指标体系（2018版）》；在中观上，以同济大学为首的科研团队于2022年编制了《健康城区评价标准》；在微观上，中国建筑科学院分别于2017年、2020年制定了《健康建筑评价标准》和《健康社区评价标准》。综合上述评价体系，本章筛选出健康城市评价指标体系中的城市空间要素，总结出与健康城市相关的三个主要空间领域（土地利用、交通环境和绿色空间），并分别总结影响路径与优化策略。

第一节　健康城市与土地利用治理

土地利用与建成环境的品质密切相关，它通过影响自然环境的品质、居民的体力活动及社会交往环境，从而对公共健康造成影响（李经纬、田莉，2020）。在土地利用中主要是两个方面在影响城市的健康水平：一个是合理的空间布局，另一个是公共服务设施布局。紧凑空间布局和混合用地开发能够促进居民体力活动和社会交往，减少长时间通勤的危害；适中的街谷能够避免空气污染物的过度沉积，减少对居民心理健康的负面影响；丰富可达的医疗、福利、体育、文化和教育等公共服务设施能够满足全年龄居民的生活需求，提升生活品质（鲍海君、李灵灵，2024）。下文将从土地利用对健康城市影响的基础研究、土地利用影响城市健康的路径和促进城市健康的土地利用策略三个方面来详细探讨土地利用与城市健康之间的联系。

一、土地利用对健康城市影响的基础研究

随着全球城市化的进程加速，当前各类城市面临的公共卫生挑战日益增多，如环境污染、突发公共卫生事件、医疗保健设施分配不均和居民缺乏体力活动等，这些都对健康城市的建设造成了负面影响。土地利用作为影响城市环境的重要因素，能够对自然环境、居民的体力活动和社会交往产生作用，进而对健康城市这一目标产生影响。

20 世纪 90 年代以来，学术界对城市环境与公共健康展开了丰富的研究，而土地利用与公共健康之间的关系却直到近十多年才开始逐渐受到重视，造成这个现象的很大一部分原因是各部门之间分工割裂。城市规划部门的主要诉求在于经济发展和环境保护，它们的关注重点是城市；卫生部门则更多地关注人，即疾病的防治，而忽略了环境因素。直到 2009 年，巴顿和贝丁顿（Barton and Beddington）在城市生态系统理论和健康决定因素理论的基础上，构建了土地利用与公共健康研究的框架。自此，越来越多的学者开始对土地利用和公共健康的关系开展研究，前期学者主要通过建立回归方程等手段来分析二者的关联程度，随着研究的不断深入，部分学者开始深入研究土地利用与公共健康的因果关系，为健康城市的构建提供更加准确的依据（Richardson et al.，2013）。

二、土地利用影响城市健康的路径

李经纬等（2020）提出土地利用主要在以下四方面对公共健康产生影响：（1）土地利用类型，包括宏观尺度的土地利用变化/覆盖（如建设用地、

耕地、绿色空间、水域等）和中微观尺度的城市土地利用类型（如工业用地、商业用地、设施用地等）；（2）土地的混合利用；（3）土地利用密度与开发强度；（4）土地利用形态。在此基础上，不同的土地利用特征对自然环境品质、体力活动和社会交往水平产生不同的影响，进而影响居民的身体健康和心理健康（见图 4-1）。

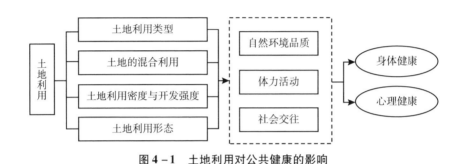

图 4-1　土地利用对公共健康的影响

（一）土地利用类型

土地利用类型可以分为宏观和中微观两个层面：宏观上主要是指耕地、林地、草地、水域、建设用地、未利用地等土地类型；中微观上是指居住用地、商业办公用地、公共服务设施用地、工业和仓储用地、绿色开放空间等城市土地利用类型。

不同的土地利用类型对居民健康水平有着不同的影响。耕地、水域的污染会导致一些疾病的发病率升高；城市建设用地的增加也不利于大气污染物的扩散（王兰等，2016），对流域水的净化功能也有着显著的负面影响。事实上，我国城市化和工业化进程的不断加快已经对生态环境有了严重的影响，居民的健康水平也受到了威胁，也正因此，我国先后推出了"退耕还林""坚守十八亿亩耕地红线"等政策要求。对于城市内部而言，工业用地导致的空气污染和水质污染更是会增加脑血管疾病、癌症、哮喘等疾病的发病风险，而像森林、草地、水域等开放空间对居民的健康水平则有着明显的改善作用。

土地利用的空间分布也同样对居民的身心健康存在影响。居民距离公共设施越近、可达性越高，居民的心理和生理压力就会越小；莫塔等（Mota et al.，2005）研究发现社区娱乐设施的合理布局对居民日常出行和促进体力活动有积极影响，这也说明合理的公共服务设施可以鼓励居民选择健康生活。

（二）土地的混合利用

土地的混合利用主要指不同属性的土地混合利用的总体情况，包括城市居住、商业、办公、服务、休闲等用地的融合。随着经济发展、产业转型和人群需求的升级，传统的单一用地供给模式无法满足发展需求，因此土地混合利用开发模式在城市规划建设中的应用变得越来越广泛。

土地混合利用能够通过空间安排，使得性质不同的土地功能叠加，在缩短出行距离的同时鼓励慢行交通的出行方式，从而减少机动车污染并促进居民体力活动。另外，较高的土地混合利用效率也可以为居民提供更方便的公共交通服务，从而引导居民健康生活。

常见的有利于城市健康的土地混合利用类型有公共服务用地与居住用地混合分布、工作地与居住地混合分布两种。在居住地附近提供公共服务设施能够实现居民的居住空间与生活需求相匹配，从而让居民在"不出远门"的情况下就可以得到完善的公共服务。而工作地与居住地的混合分布则可以通过减少通勤时间，增加慢行交通的比例提高居民的健康水平。

（三）土地利用密度与开发强度

土地利用密度表示单位用地面积内土地利用类型的基底面积与该单位用地总面积的比值，通常包含住宅密度、公共服务设施密度、休闲设施密度等。较高的住宅密度会对健康产生积极的效应，有利于心理健康（Gao et al.，2016）以及降低肥胖的发生率（Hu et al.，2014）和呼吸系统疾病的入院率（Réquia et al.，2015）。这是因为较高的住宅密度能够促进居民步行水平的提升，而低密度住宅区的居民为了方便出行而不得不依赖小汽车等交通工具。

土地利用开发强度是指单位土地的使用程度，通常用容积率、建筑密度、绿地率等指标来表示。土地开发强度的高低，直接反映某个区域的建设用地情况、人口密集程度、基础设施配置和经济总量等。土地利用开发强度越高，当地居民的健康水平反而会越低，这是因为过度的开发可能会导致交通拥堵、工业污染、空气污染等一系列"城市病"，从而影响居民的生活水平。

（四）土地利用形态

土地利用形态指标一般包括斑块面积、斑块周长、斑块密度、斑块形状、斑块邻近指数、斑块丰富度等，用于衡量土地利用形态的规则性和破碎度。该部分主要是指绿色空间的利用形态与健康城市之间的关系，研究表明不同形态的绿色空间对居民健康存在差异，该部分我们将在本章第三节详细说明。

三、促进城市健康的土地利用策略

上文阐述了影响城市健康水平的四个土地利用方面，这四个方面能够通过提高自然环境品质、促进体力活动以及社会交往来促进城市健康水平的提高。为了更好地有效利用土地、促进公共健康，以此促进健康城市的发展，结合当前各类学者的研究，我们总结出以下三条策略。

（一）提高土地利用的综合效率

重视城市整体的功能结构形态，避免工业区和生活区的相互干扰（王子豪、张春阳，2023），减少工业用地的污染暴露。优化用地规划，在布局时充分考虑相邻用地之间的关系，实现住宅、商业、娱乐和公共服务等多功能的空间融合，保障居民的基本生活需求和职住平衡。纵向利用空间，在高密度城区要将地下空间纳入规划范围内，实现纵向空间的充分利用。此外，合理控制城市开发强度、促进废弃土地再利用等措施都能够减少环境的污染，打造健康的生活环境。

（二）促进公共服务的公平分布

合理布局教育、卫生和文化等公共服务设施，使这些服务对所有社区居民都在步行可达范围内，对于提高居民的生活质量，特别是低收入群体的社

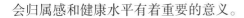

会归属感和健康水平有着重要的意义。

（三）完善土地利用的政策工具

将城市健康纳入国土空间规划的重要关注指标，本着降低健康风险的原则进行国土空间规划。保护生态用地，划定主体功能区和生态保护区，限制不利于可持续发展的土地开发行为。保障适当的土地混合利用，促进居民出行方式转变，有效减少居民的通勤距离和避免交通污染暴露的风险。建立多部门合作机制，组织土地利用、公共健康、城市规划等多个领域的专家学者组成科研团队，为提高城市健康水平献言献策。

第二节　健康城市与交通环境治理

交通环境是居民出行和进行各项活动的基础，与健康城市相关的最主要概念是慢行交通，慢行交通又被称为非机动化交通，主要包括步行和骑行两种出行方式（龙柯宇，2020）。慢行交通能够促进居民体力活动，减少机动交通带来的污染，提升慢行交通的连续性和通达度，塑造舒适安全的慢行体验，有利于健康城市的打造。接下来，本节将从健康城市与交通环境的基础研究、慢行交通环境改善的空间要素分析和促进城市健康的交通环境改善策略展开。

一、健康城市与交通环境的基础研究

在 20 世纪 70 年代，美国倡导把体力活动贯穿到居民的日常生活中（王云，2022）。然而随着现代城市的不断发展，人们逐渐养成了依赖汽车出行的生活方式，这使选择步行出行的人大大减少，居民的健康成了城市发展的牺牲品。2003 年，吉尔斯（Giles）和多诺文（Donovan）研究发现，非步行友好社区的居民大约有 60% 的人体重超标，罹患糖尿病的概率高于步行友好型社区。帕鲁克（Paluch）等于 2020 年对澳大利亚、欧洲、北美和日本的成

年人展开每日步数和健康情况的关系研究，结果发现，每日步数最多的人群死亡风险显著低于每日步数最少的人群。由此可见，慢行交通系统是保障居民健康生活的重要因素，也是建成健康城市的关键要素。2010 年美国发布《公共健康空间设计导则》，倡导通过提升城市空间的功能多样性、提高城市公共交通与开放空间的连通性、规划儿童友好的空间活动场所、鼓励自行车出行等方法引导居民参与日常锻炼，形成健康的生活方式。

国内关于慢行交通的研究综合了国外相关理论与我国的具体实际。20 世纪 90 年代，我国城市建设还以汽车为导向，而到了 2000 年，随着城市发展对质量的愈加关注，城市慢行交通方式和慢行空间逐渐占据了公众的视野。谭少华等（2010）研究发现主动式健康干预的社区应重点关注居民步行的邻近性和连通性。张育和魏皓严（2016）认为慢行交通规划与城市公共交通可以为改善城市的环境和活力发挥有效和积极的作用。除了学术界的研究，我国政府也出台了多项标准和规范，指导慢行交通规划，提高城市健康水平。2012 ~ 2013 年，国家相继出台《关于加强城市步行和自行车交通系统建设的指导意见》《关于加强城市基础设施建设的意见》《城市步行和自行车交通系统规划设计导则》等文件，从宏观角度上加强对步行和自行车交通建设的指导。2015 年，多个专家在中国城镇化高层国际论坛上提出城市发展要遵循"步行友好"的发展理念，建设步行友好性城市。自此，"以人为本"成为我国城市规划建设绕不开的理念。2018 年，《城市居住区规划设计标准》引入"生活圈"的概念，将步行时间作为配置公共服务设施的依据，进而实现"以人民为中心"的社会效益。2021 年，《城市步行和自行车交通系统规划标准》发布，对步行和自行车交通系统从交通网络、通行空间、过街设施、交通环境等方面作出了详细规定。

二、慢行交通环境改善的空间要素分析

影响居民出行方式选择的关键要素在于非机动出行的可行性，具体可以分为城市空间的可步行性和可骑行性。可步行性和可骑行性分别用来描述城市环境对步行或骑行出行的友好程度，主要受以下四个方面的影响：可达性

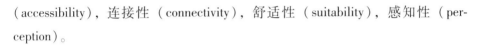

（accessibility），连接性（connectivity），舒适性（suitability），感知性（perception）。

（一）城市空间的可达性

可达性通俗来讲就是指到达理想目的地的便利性，其反映了城市土地利用和空间布局的效率。传统的可达性研究往往关注汽车等快速交通，而在健康城市规划中，步行或骑行等慢行交通则成为了主要研究对象。

我们可以从三个维度对可达性进行度量（汪慧婷，2019）。第一个维度从运输成本角度出发，除了出行时间等非货币成本外，还包括出行过程中的舒适度和可靠度。第二个维度则关注土地利用，合理的空间布局能使得居民在前往目的地时有多种出行方式的选择。第三个维度是从居民个人出发，考察其对出行成本的看法，通常来看，人们往往对近的地方更有兴趣，这也验证了地理学第一定律：一切事物都和其他事物相关，但近处事物比远处事物更相关。

（二）城市空间的连接性

连接性通常用来衡量街道布局类型，它表现了去往目的地路线的多样性和直接性。高密度的道路交叉口和小街区往往和高度的连通性相关。弗兰克（Frank）于2005年发现身体活动与交叉点密度存在显著关系，即每平方公里交叉度大于等于30的地区要比其他地区更容易步行。因此提高道路连通性能够有效地缩短人们的出行距离、为人们提供更多的路线选择，从而有利于引导人们选择绿色交通方式，进而推动健康城市的建设。

（三）城市空间的舒适性

舒适性是指与步行或骑行相关的自然因素，如绿化率、人行道的数量、空气质量等，它既指慢行环境的友好程度，也衡量了慢行设施的配置程度。慢行交通不仅是绿色出行方式，更是人们慢生活的体现。如果慢行交通意味着拥挤、噪声、空气污染、路面挤占等问题，人们便不会选择这种方式出行。因此在设计慢行城市时一定要考虑营造舒适、温馨且具有归属感的慢行空间，极大满足人们的选择需求，提高慢行交通的吸引力。

（四）城市空间的感知性

感知性是指在某种社会人口环境中由于交通拥堵的缓解和犯罪事件的减少带给人的安全感。福赛思（Forsyth）于 2015 年提出，缺乏安全感是居民行走的关键障碍。为保障居民慢行交通的安全，城市慢行系统的规划应重视对慢行空间的安全防护，在城市空间当中应考虑设置行人和道路之间的缓冲区（例如：路旁草坪/停放的车辆/障碍物）、良好的街道和人行道照明、便利的人行横道和自行车道等，减少机动车对慢行人群的干扰和威胁。

三、促进城市健康的交通环境改善策略

（一）规划适宜的慢行路网

适宜的慢行路网有利于促进居民的体力活动，还可以缓解城市拥堵，对建设健康城市、提高公共健康水平有着很大的帮助。因此在道路规划上，我们应打造"小街区、密路网"的城市空间开放共享模式。该模式具有通达性高、连续性好的路网结构特点，从而可以缓解交通拥堵；较多的交叉口设计能够减少红绿灯等待周期，降低事故风险。此外该模式还可以增加街道的公共活动空间，使城市功能更加集中，从而提升空间活力。综上所述，适宜的慢行路网使可步行性和可骑行性提高，有效引导居民绿色出行，提高居民和城市的健康水平。

（二）营造安全的出行环境

安全便捷的出行环境是居民健康出行、绿色出行的重要保障。在保护行人的空间设计方面，我们可以通过优化机动车的空间来增加慢行空间，通过减小过街距离、保障行人过街安全和保证行人过街实践来减少道路检查口的事故风险。此外，城市还应该配置完善的防护措施，如慢行空间的隔离设施、无障碍设施、监控和照明设施等，为人们的出行提供安全、舒适的服务，增强人们慢行时的安全感。

（三）自然舒适的空间布局

城市慢行环境对居民的心理健康作用是影响公共健康的重要一环，营造自然舒适的慢行环境可以舒缓城市居民的心理压力，同时增强居民对地区的认同感和归属感，提高居民参与度，增强居民进行健康活动的意愿（Mcintyre，2006）。研究表明，合理的道路宽度、舒适的街道空间尺度都能够给人们提供良好的空间感受和愉悦的情感体验。因此城市慢行空间的规划要以人的尺度和行为幅度为参照，关注人的感受，从而营造出健康积极的城市空间。

第三节　健康城市与绿色空间治理

绿色空间具有调节气候、健身疗愈等功能。因此，合理的绿地规模，集中式绿地和分散式绿地相结合的空间布局，能够提升绿色空间的可达性与连通性，有利于优美、安全、全龄友好的绿色空间的营造（杨文越等，2020）。

一、绿色空间与健康城市的基础研究

关于绿色空间的概念，国内外有着不同的见解。国外学者主要认为城市绿色空间包含城市绿地、运动场、私人花园、正式和非正式的绿色森林、道路边缘、废弃土地和园艺等能够改善城市生态环境的空间（刘畅、张晓瑞，2024）。而国内学者则普遍认为城市绿色空间是指城市规划区内以自然植被和人工植被为主要存在形态，对生态平衡有一定积极作用的公共性质用地（邢忠，2019）。总的来说，绿色空间是指在城市内部空间为居民提供生态、教育、休闲等服务价值的开放或半开放的空间，是由绿地空间、湿地和水域共同组成的空间系统。

绿色空间对健康城市的影响主要体现在两方面：一是促进居民的生理健康，绿地为居民的室外运动提供了场地，促进了居民的健康运动，从而有利于公共健康的改善。二是促进居民的心理健康，增加对大自然的接触能够改

善睡眠、缓解压力、增加幸福感、减少负面情绪、促进积极的社会交往，甚至有助于让人感受生活的意义。15世纪初，以英国为代表的西方园林就关注到园林美学与健康的相互影响。19世纪，霍华德在《明天的田园城市》中提出将优美的乡村景观与便利的城市生活相结合，倡导健康的生活方式（曾筱，2020）。到20世纪初，人们对于健康的认识逐渐深入，因此对于影响健康的因素也进行了丰富的讨论。其中较为著名的是2001~2013年美国的"设计推动的积极生活"计划，强调了"创造促进体力活动的环境，其目标是鼓励设计、交通运输和政策的变化，以培育和支持积极生活"。在2005年，该计划被刘滨谊引入中国，其结合我国现实情况提出了通过设计促进健康的建设思路（刘滨谊、郭璁，2005）。随后，国内学者纷纷对健康视角下的绿色空间展开研究。袁琳（2018）详细分析了城市公园的发展历程，从城市地区公园体系思考提升人民公共福祉的途径和意义。孙佩锦（2019）通过回归模型探索城市绿色空间与人群体力活动的关系，结果表明影响人群体力活动的因素主要是城市公园内部的公共服务设施。

二、健康城市绿色空间体系构建

城市绿色空间与健康城市的构建有着很密切的联系，为了提高城市的健康水平，我们需要将相互独立的绿色空间联系起来，打造城市绿色空间体系，以此推动健康城市的发展。

（一）健康城市绿色空间体系的构建要素

绿色空间体系构建要素可以分为"微观、中观、宏观"三个尺度，进而满足城市居民多层级多维度的健康需求。在微观角度，我们主要关注个体健康，这一尺度下绿色空间主要包括能够为居民提供视觉和身体接触的微型绿地，如屋顶花园、私家庭院和小区绿地等。在中观角度，社交性和生态健康成为我们关注的重点，此时口袋公园①和城市绿廊发挥了主要作用。在宏观

---

① 口袋公园是指在高密度城市区域内以斑块形状形式出现的小型公园，又称袖珍公园、迷你公园等。

角度下，我们主要关注能提高城市整体健康水平的绿色空间，如人工湿地和森林公园等。这些不同尺度的绿色空间共同构成了一个连贯的网络，不仅增强了城市的生态连通性，还为居民提供了必要的健康服务。

（二）健康城市绿色空间体系的构建框架

微观、中观和宏观三个不同尺度的绿色空间体系创造了良好的城市空间环境。李季（2021）结合居民健康行为空间系统，打造了一个结构完整的健康城市绿色空间体系。该体系的特点在于其具有"点 – 线 – 面"融合的形态丰富特点，也具有融合生态、安全、活力的功能综合特点，体现了"环境 – 行为 – 健康"的协同发展理念。

在微观层面，我们以街区绿色空间为主要对象，专注于创造有利于居民健康生活和工作的公共空间，强调空间的美学和植物的覆盖。在中观层面，我们关注组团绿色空间，通过城市绿色楔形区域和环形区域的建设，提高绿色空间可达性和规模，以满足居民的健康居住和交通需求。在宏观层面，市域绿色空间能够关注整个城市的绿色空间分布和连续性，其以自然的美感重塑城市景观，满足居民的健康交通和休闲需求，强调了生态特性。

（三）健康城市绿色空间体系的规划指引

我国现有的城市绿地系统规划为城市总体规划 – 城市分区规划 – 控制性详细规划 – 修建性详细规划的模式。因此在规划过程中，我们应该遵循这种自上而下规划路径，从而确保绿色空间的整体方向和建设成果。同时，我们也要鼓励自下而上的反馈机制，让社区居民参与政策制定，确保绿色空间体系符合居民的实际健康需求。这种双向的规划和反馈机制有助于创建一个既美观又实用的健康城市绿色空间体系。

三、健康城市中的绿色实践

（一）伦敦绿网战略规划

英国是最早把绿带政策纳入近代城市规划理论的国家，随着经济、社会、环境形式的不断变化，英国绿带政策的内涵和表现形式也在不断地丰富和发展（见表4-1）。

表4-1　　　　　　　　　　英国开放空间管理政策历程

时间	相关政策法令	核心内容
1935年	环伦敦都市绿带概念	大伦敦地区规划委员会首次提出
1938年	《绿带法》	为保护伦敦行政区内绿洲免受工业及建筑业发展的不利影响，特立此法案
1944年	大伦敦规划	伦敦行政区周围划分为4个环形地带，由内向外依次为内城环、近郊环、绿带环、农业环
1949年	《国家公园和乡村通道法》	划定和开放了一定数量的国家公园和乡村步道网络并保护风景区的景观原貌，提出国家优秀美景地区（AONBS），特殊科学意义基地（SSSI）等相对于国家公园更小尺度的绿色空间保护
1982年	《野生动物与乡村法》	对自然栖息地及其他生态地区提出了更详细和严格的管控
20世纪80年代	绿带规划实践	英国各地逐步编制完成绿带规划，如1988年规划政策指导专门针对英格兰和威尔士的绿带政策和原则
2001年	成立城市绿色空间工作组	完成研究报告"绿色空间，好的场所"。这个报告包括了52条用来提高城市公园与绿色空间的供给、设计、管理和保护的建议
2002年	《国家规划政策框架》绿带政策	建设绿带的目的比较多元化：（1）阻止城市随意蔓延；（2）避免相邻市镇连为一体；（3）保护乡村免受蚕食；（4）保护历史名镇的建筑和独特性，如巴斯、约克和牛津；（5）通过鼓励绿带边界以内的废弃土地和其他城市土地再利用，促进城市再生
2005年8月	《生物多样性和地质保护政策》	整合生物多样性、环境、社会经济，保护英格兰地质地貌特征，优先保护生物与地貌的前提下提出场所开发设计和棕地管理
2008年	发布《绿色基础设施导则》	该导则程序化地提出地方绿地空间及其发展策略在地方发展框架文件制定过程中的整合内容与发展环节

资料来源：冯矛，张涛.构筑城乡"全域统筹—功能复合"绿色空间体系——英国伦敦绿网战略规划案例研究［C］//中国城市规划学会，成都市人民政府.面向高质量发展的空间治理——2020中国城市规划年会论文集（12风景环境规划）.重庆大学；同济大学，2021：9.DOI：10.26914/c.cnki-hy.2021.030653.

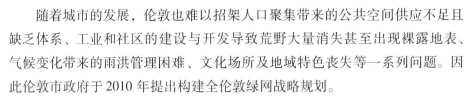

随着城市的发展，伦敦也难以招架人口聚集带来的公共空间供应不足且缺乏体系、工业和社区的建设与开发导致荒野大量消失甚至出现裸露地表、气候变化带来的雨洪管理困难、文化场所及地域特色丧失等一系列问题。因此伦敦市政府于2010年提出构建全伦敦绿网战略规划。

结合自然景观特征和公众参与评价，伦敦将原有的单功能绿色空间格局优化为以"点－线－面"为主要布局的伦敦全域多功能公园。伦敦绿网框架在宏观上，构建了以区域公园、大都市公园、地区公园及本地公园的公园体系。在分区尺度上，通过合理的小流域规划实现绿色空间网络、居住生活体系、社会文化系统的相互融合与优化。整个伦敦根据行政区划和山脉河流绿道的阻隔划分成12个次级区域，每个区域都成立规划委员会制定其相应的详细规划导则，适应当地的经济社会发展和社区环境愿景。

在绿网的可持续管理上，伦敦也形成了自己的经验。其根据分区建立起各级管理机构，各自拟定规划导则和运营管理模式，形成专项服务机构，并通过广泛的公众参与，搭建市民信息交流平台，随时反馈方案实施的问题与不足。

（二）成都熊猫绿道建设

成都市位于成都平原中部，气候湿润，坡度平缓，非常适合绿化种植。成都市政府对绿化工作一直非常关注，积极开辟了塔子山、九里堤、白莲池等基地苗圃，打造全市的绿色空间。然而受5·12灾后重建等因素的影响，成都市的绿色空间被严重压缩，缺乏健康城市应有的生态功能。而在2018年建成的熊猫绿道以其对地域文化的良好吸收、对全市绿色资源的充分整合一举成为最具有代表性的绿色生态走廊。

熊猫绿道之所以能够取得成功主要是因为以下三方面。

一是建设前期的科学规划。规划阶段，成都市政府能够放眼全局，做好战略安排。2015年6月初，成都市发改委启动35年远景发展战略规划编制，市规划局将三环路扩能改造工程规划方案纳入全域规划工作当中。2016年3月，市委十三届二次全会上，市城乡建设委员会以提升城市基础设施和完善公共设施配套为抓手，积极开展三环路扩能提升工程。2017年，中共成都市第十三次代表大会提出要高标准建设天府绿道和环城生态区，重组空间结构，推动城市宜居性和市民舒适度再提升。① 2018 年，市重大城建项目建设办公室组织召开三环路熊猫绿道专项方案专家及部门审查会，讨论研究市政院编制的《三环路熊猫绿道初步设计方案》及风景园林设计研究院编制的《三环熊猫绿道园林绿化提升工程设计方案》并形成审查意见（肖梦，2022）。在规划过程中，成都市一直立足实际，充分考虑工程的各项事宜，坚持"供地完成一处建设一处"的思路，平稳有序地推进绿地建设。此外，成都市也积极参考学习其他优秀案例，多次对国内外优秀案例进行实地考察学习。

二是贯穿全程的规范监管。整个建设过程，政府都能够充分利用掌握的各方社会力量和各种生产资料，在政策法律范围内，运用行政手段，督促相关部门通力合作，协调绿道建设中各方之间的活动与利益，发现问题后，第一时间展开沟通，进行科学研判。通过明确各要素、协调各环节、把握各方面，推动目标不偏靶心、标准不差刻度，实现组织、控制和监督职能（肖梦，2022）。

三是建成前后的持续完善。在熊猫绿道建设前后，政府一方面把关建筑标准和工程质量，全面实施建筑质量终身责任制，让公共基础设施不再被诟病为短命的、一次性的、绣花枕头的建筑；另一方面通过不断完善的保障和服务促进了建设工作的顺利推进和绿道建成后的使用效果，立足市民真切需求，坚持专业规范管养，使服务职能有效实现。

---

① 钟华林. 成都大力建设天府绿道体系：铺绿色网格 畅经济动脉 [N]. 经济日报，2017 - 12 - 20.

第五章

城市公共卫生危机的循证治理

现代城市规划与治理起源于城市公共卫生问题，彼得·霍尔认为："由于贸易带来巨大的流动性，流行病能够较之以往以快得多的速度在全球传播，这造成了 19 世纪 30～60 年代间多次流行性疾病席卷英国，造成严重后果"。[①] 城市化给城市这个生命有机体带来福利与活力的同时，也带来了诸多城市病。城市病可以分为慢性病和突发事件，前者如交通拥堵、空气污染、住房紧张、能源紧张等，后者如突发安全生产事件、公共卫生事件、自然灾害事故、社会安全事件等。突发公共卫生事件是指突然发生，造成或可能造成社会公众健康严重损害的重大传染病疫情、群体性不明原因疾病、重大食物和职业中毒以及其他严重影响公众健康的事件（薛澜、朱琴，2003）。城市突发公共卫生事件因其不可预知性，一直是城市治理中的重大挑战。2019 年末暴发的新冠肺炎疫情是继 2003 年的 SARS 疫情后，又一起对全球经济社会运行造成巨大冲击的突发公共卫生事件，对人民群众的生命安全构成了严重挑战，对全球城市治理体系和治理能力现代化建设提出了全新的要求。面对突发公共卫生事件的城市，其治理过程如同医院急症救人，需要在短时间内"循证"，做出科学合理的决策。

第一节　城市重大公共卫生事件的类型及危害

根据 2003 年国务院制定并审议通过的《突发公共卫生事件应急条例》，

[①] 彼得·霍尔. 明日之城：1880 年以来城市规划与设计的思想史 [M]. 童明，译. 上海：同济大学出版社，2017.

突发公共卫生事件是指突然发生，造成或者可能造成社会公众健康严重损害的重大传染病疫情、群体性不明原因疾病、重大食物和职业中毒以及其他严重影响公众健康的事件。综合国务院颁布的《突发公共卫生事件应急条例》《国家突发公共卫生事件应急预案》以及中国疾病预防控制中心对突发公共卫生事件的分类，本书从发生原因上对城市重大公共卫生事件进行分类，分为生物病原体所致疾病、中毒事件、自然灾害引发的恶性传染病及其他事件四类。

一、生物病原体所致疾病

生物病原体所致疾病主要指由于病毒、细菌、寄生虫等病原体感染导致的传染病、寄生虫病、群体性医院感染等（丁天赞，2005）。既包括传统的疾病如鼠疫、霍乱、肺结核等，又包含新兴传染病如 SARS、AIDS、甲型H1N1 流感、新型冠状病毒感染等。其中，重大传染病疫情是指某种传染病在短时间内发生、波及范围广泛，出现大量的病人或死亡病例，其发病率远远超过常年的发病率水平的情况。生物病原体所致疾病典型事件及危害见表 5 – 1。

表 5 – 1　　　　　　　　　　生物病原体所致疾病典型事件及危害

传染病种类	流行时间	伤亡情况	影响范围
鼠疫	第三次鼠疫大流行（1855 年云南鼠疫→1894 年广东暴发→1959 年结束）	中国死亡约 300 万人印度死亡约 900 万人	云南→贵州、广州、香港→印度→美国旧金山→欧洲、非洲等 60 多个国家
霍乱	1932 年	武汉死亡 1541 人	除新疆、青海、西藏外全国绝大多数省份
H5N1 型禽流感	1997 年	香港确诊 18 人，死亡 6 人	香港
SARS	2003 年	中国确诊 5327 人，死亡 349 人	全球
甲型 H1N1 流感	2009 年	中国确诊 12.7 万人，死亡 800 人全球死亡 18156 人	全球

续表

传染病种类	流行时间	伤亡情况	影响范围
H7N9 型禽流感	2013 年	中国确诊 134 人，死亡 37 人	上海、安徽、北京、江苏、浙江、山东、河南、福建、台湾等地
埃博拉	2014 年	利比里亚、塞拉利昂和几内亚等西非三国确诊（含疑似）19031 人，死亡 7373 人	非洲西部、西班牙、美国
MERS	2015 年	韩国确诊 187 人，死亡 38 人	韩国
肺结核	2017 年	中国确诊 90 人，疑似 10 人	湖南桃江县
登革热	2017 年	广东确诊 171 人 泛美洲确诊 49039 人，死亡 196 人 亚洲死亡 339 人	全球
新型冠状病毒感染	2019 年	全球确诊 6 亿余人，死亡 650 万余人	全球

资料来源：根据公开报道信息整理。

二、中毒事件

中毒事件分为食物中毒以及有毒有害因素污染造成的群体中毒事件。食物中毒是指患者所进食物被细菌或细菌毒素污染，或食物含有毒素而引起的急性中毒性疾病。[①] 群体性食物中毒大多潜伏期较短，来势凶猛，很多人在短时间内同时或相继发病，临床表现在短时间内达到高峰；患者在相近时间内有在相同地点、食用过相同食物的经历，如果不及时找出并管控病源，易引起大规模群体性中毒事件。有毒有害物质污染造成的群体中毒事件主要指化工厂、实验室有毒化学物品泄漏造成的水体污染、大气污染、放射污染等，该类事件涉及范围广，扩散速度快，有的有毒有害物质危害性高，中毒反应

---

① 资料来源：国家卫健委权威医学科普项目传播网络平台，http://www.dawa.gov.cn/201709/3000/content_188101.html.

明显，人体在短时间内就出现中毒特征；有的有毒有害物质对人体的影响是慢性的且难以消除，如放射性污染很难消除，射线强度只能随时间的推移而减弱，又如水体、大气污染，往往不能被人们注意，毒物在人体内缓慢积累，长此以往会影响人们的身体健康，影响国民身体素质。中毒事件及其危害见表 5 - 2。

表 5 - 2   中毒事件及其危害

中毒类型	典型事件	伤亡情况	影响范围
食物中毒	2011 年江西龙虾节事件	200 多人食物中毒	江西瑞昌市
氨气泄漏	2015 年 9. 18 河南平顶山化工厂毒气泄漏事件	20 人受伤	化工厂附近
毒气泄漏	1984 年印度博帕尔农药厂毒气泄漏事件	印度 2. 5 万人直接致死；55 万人间接致死；20 多万人永久残废	印度博帕尔市

资料来源：根据公开报道信息整理。

三、自然灾害引发的恶性传染病

自然灾害引发的恶性传染病是指暴雨、泥石流、地震等自然灾害造成大规模人员、动物等生物体在短时间内死亡，腐坏的尸体未及时处理产生细菌等微生物，灾区水源、供水系统遭到破坏或污染引发的恶性传染病，俗称瘟疫。

四、其他事件

其他事件是指除了上述提到的三类公共卫生事件以外的重大突发公共卫生事件，由于形成原因复杂多样，特殊性强，故归为其他一类。比如化工厂爆炸、煤矿爆炸、群体性不明原因疾病等。这类事件由于事发突然且难以预料，常常会造成重大的人员伤亡和经济损失（见表 5 - 3）。

表 5 - 3　　　　　　　　　　　　　其他事件及其危害

事发原因	典型事故	伤亡情况	影响范围
丙烯管道被施工人员挖断，泄漏后发生爆炸	2010 年 7. 28 南京化工厂爆炸事故	22 人死亡，120 人受伤	距化工厂半径 100 米范围内
输油管道破裂，原油泄漏	2013 年青岛输油管道爆炸事故	63 人死亡，9 人失踪，156 人受伤	黄岛区沿海河路和斋堂岛路交会处及入海口
违法违规存储危险品	2015 年 8. 12 天津滨海新区爆炸事故	165 人死亡，8 人失踪，798 人受伤	瑞海公司危险品仓库周边约 54 万平方米范围

资料来源：根据公开报道信息整理。

第二节　城市重大公共卫生事件的循证治理机制

城市突发公共卫生事件的防控和治理是城市公共安全管理和城市现代化治理的重要工作之一，也是一个复杂的巨系统，需要遵循严格科学决策流程。突发公共卫生事件以各类传染病为主，较之突发安全生产事件、自然灾害事故和社会安全事件，突发公共卫生事件具有成因多样性、群体性和传播广泛性等特点。面对突发公共卫生事件的城市，其治理过程如同医生救治急症患者，需要在短时间内"循证"做出科学合理的决策，需要"见微知著""以小见大"的"绣花功夫"。循证决策（evidence-based policy making）源于循证医学（Evidence-based Medicine，EBM），循证医学提倡"慎重、准确和明智地应用所能获得的最好研究证据来确定患者的治疗措施"，是依靠科学可靠的客观证据进行决策治理的一种理论模式。近年来，循证医学"证据为本"的实践主张，正不断被人文社会学科领域所吸收和借鉴，也是国际公共政策学科的前沿阵地和学界关注的重要领域，2000 年在宾夕法尼亚大学成立的 Campbell 协作网，将循证医学的理念与方法植入社会治理和公共政策领域，极大地推动了循证社会科学的发展，循证决策已经在教育治理、社会福利治理等领域取得了较为丰富的研究成果。

随着证据理论在决策领域的广泛应用，遵循最佳证据进行有效治理尤其是对突发事件进行科学预警逐渐成为公共治理的有效手段，循证决策理念逐渐被西方学者所接受并迅速成为公共部门科学决策的重要方式之一。在城市规划与治理领域，法吕迪和瓦特伍德（Faludi and Waterhout，2002）提出了引入基于证据的规划倡议，认为基于证据的城市规划决策是 21 世纪的重要趋势之一。在国家治理体系和治理能力现代化背景下，将循证社会科学引入城市公共服务领域的治理中，作为治理的决策支撑，使治理这种偏政治性行为和循证决策的科学理性有效结合起来。循证治理（Evidence-based Governance，EBG）是一种在循证决策理念下，多元治理主体基于严谨、科学的方法形成研究证据、利用最佳证据进行科学决策的治理模式。将循证方法引入城市突发公共卫生事件的治理，让每一个治理决策都有据可循，使治理在技术上从经验走向循证，既遵循了城市重大突发公共事件治理的科学性，又实现了城市公共卫生防治工作的制度创新，故循证治理在理论架构上和实践检验上，实现了对现有联防联控机制的完善。

下面从循证治理的视角出发，总结我国突发公共卫生事件治理体系存在的问题，分析城市突发公共卫生事件治理过程中的决策循证过程，重点是决策证据的生产、传播和应用过程。为未来构建基于最佳证据的循证治理模式打下坚实的基础，也为城市突发公共卫生安全治理提供决策参考。

一、我国突发公共卫生事件治理体系及其问题

（一）突发公共卫生事件应急管理体系简介

公共卫生应急管理具有公共管理和危机管理的共同属性，应急管理是在危机管理的基础上发展而来，其治理主体一般是政府机构，目的是应对突发灾害，消除危机，保障人民利益。罗伯特·希斯（Robrt Heath）提出的危机管理 4R 模型将应急管理阶段划分为缩减、预备、反应和恢复四个阶段（见图 5-1），对梳理疫情防控治理过程具有科学参考价值。

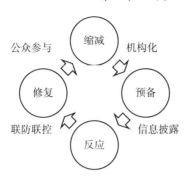

图 5 - 1　公共卫生应急管理的 4R 模型

　　我国人口规模大，密度高，公共卫生防疫起步较晚，加上改革开放以来快速城市化推动了人口短时间内的大规模流动，给公共防疫带来了极大的挑战。2003 年 SARS 的暴发是我国应对突发公共卫生事件能力提高的转折点。自 2003 年抗击非典以来，我国应急管理的顶层设计和部门职责不断完善，陆续发生的禽流感、甲型 H1N1 流感等突发公共卫生事件，不断为我国城市重大公共卫生事件的治理积累经验，建立了一套较为专业化、技术化和程序化的突发公共卫生应急管理体系，并确立了我国公共危机管理的"一案三制"核心框架。2018 年国家组建了应急管理部，初步形成了涵括统一指挥、反应迅速、上下联动、平战结合、专常兼备全生命周期的中国特色应急管理制度体系。在信息披露方面我国形成了国家、省、市、县四级突发公共卫生事件防控网络直报系统，同时在资源和物资调配方面也形成了较为完整的系统，基本建成适应现代城市公共卫生安全的应急治理体系，在全国不同区域设置了 4 类 36 支国家级卫生应急队伍和数万支地方卫生应急队伍，城市突发公共卫生事件应急能力得到了全面提升。

（二）突发公共卫生事件治理体系中的证据治理问题

　　上述公共卫生应急治理体系在应对我国公共卫生突发事件过程中发挥了重要的作用，成功经受住了包括多次甲型流感、禽流感、登革热等季节性、区域性疫情的考验，保护了人民群众的生命安全和社会平稳发展。但我们在实践中仍能发现现有的治理体系还存在一些与当前高风险社会下的复杂发展形势不相匹配的问题，突出表现在如下几个方面。

一是科层制信息传递路径不利于关键证据的有效传达。根据《中华人民共和国传染病防治法》，传染病的报告、通报和公布需由国家卫健委或省级卫生部门。因此，基层发现疫情之后，需要层层上报经审批后才能由他们发布，基层政府无权发布任何疫情信息，使公共卫生突发事件的关键信息传统成为基于政策证据的线性流程。但是突发公共卫生事件中的指挥主体在事件萌芽阶段的早期判断与应对上，需第一时间借助现代化的信息技术手段获取更多的循证证据和决策建议，而不是墨守成规地等待上级甚至中央专家组的意见以及疫情的国家正式发布才采取相应的应急措施。

二是存在决策者价值偏差带来狭隘的工具理性。循证决策延续了新公共管理理论以效率、效益和结果为中心的价值取向，不可避免地陷入管理主义和工具理性取向的狭隘性，导致社会价值在决策过程中蒙受损失。面对突发的公共卫生事件，基层政府决策者需要具备较为全面的预判与决策能力。但事实上，公共卫生安全问题的频发，除了环境因素外，也与部分地区突发公共卫生事件中暴露出一些基层干部专业化能力不足，缺乏及时决策的能力短板密不可分。这种能力短板可能是决策者的自身能力问题，也有可能是现有体制的约束问题。

三是决策者对证据的选择性偏差。循证决策事实上仍是政府选择性地使用证据支持政策取向的线性过程，即"基于政策的证据"而非"基于证据的政策"。由于政策科学研究可能提供丰富的、甚至有时是相互矛盾的证据，公共决策者在选择证据时往往会根据自身决策意图选择性地筛选、解释、使用证据，循证决策追寻的客观真实性因此不可避免受到政治主观性的影响。有一些政策制定者除了使治理效果最大化外，还可能受社会或者财政等因素的控制，地方政府的政策制定者会处于无数的压力下，收集科学证据只是诸多压力中的一个。

四是容易忽视多元主体的合理价值诉求。现有的应急治理体系，包括中央政府在内的各级政府占据着绝对的主导地位，各类社会组织、非政府机构、企业等社会主体和广大基层民众的参与途径少。这种空间挤占可能会带来诸如突发事件的处理效率低下等后果。公共决策并不仅是一个价值中立的技术问题，仅聚焦干预有效性的循证决策无法平衡多元的、甚至冲突的多方价值诉求。从这个意义上讲，循证决策无法应对当前全球公共行政实践中普遍存在的具有高度复杂性和高度价值冲突双重属性的棘手问题，迫切需要构建一个更加多元参与的循证治理体系。

二、突发公共卫生事件的循证治理框架

（一）循证治理的理论框架

循证决策作为后新公共管理学（post new public management）的重要基础理论，是近年公共管理领域的重要前沿理论之一。近年来，随着治理理论的不断发展，大家开始尝试思考能否推动循证思维在城市公共治理和公共部门决策中的应用，形成循证治理的概念和理论框架。这个框架缘于循证社会科学的概念，是在国外循证决策和国内治理体系与治理能力现代化实践的基础上，基于现代信息技术和智慧平台的支撑，面向共建共治共享的一套现代治理体系，是多元治理主体基于严谨、科学的方法生产关键证据，以科学的方式进行有效的传播并利用证据进行谨慎决策的动态治理过程。

循证治理框架突出强调共建主体的多元化、共治过程的专业化以及共享结果的常态化，不仅需要治理主体具有广泛共识的价值理性，还需要治理主体具有行之有效的技术理性。在此概念框架基础上，有学者参考循证医学的三要素（Sackett et al. ，1996），提出循证治理的三要素，包括证据、领导力与公共价值。其中证据要素是相关政策、特定行为、现象规律、成本收益等与公共决策相关的研究成果，是循证治理过程中的核心要素，循证治理是否有效，关键在于最佳证据的生产、传播和应用不存在非理性的干扰；领导力则是指决策者需要新的技能以便对决策实施影响，包括政治技能、沟通技能、整合技能等，还要掌握沟通协调、多学科合作、团队协同等技能；公共价值是多元治理主体表达的自身利益诉求和价值偏好，反映作为整体的公民对公共决策的意愿期望和价值偏好。

循证治理的核心目标是要确保证据、领导力和公共价值三者实现动态平

衡，循证治理既是嵌套于这个动态关系中的要素，又是动态平衡实现的结果，最终通过三者的互动协同实现"善治"目标（见图5-2）。

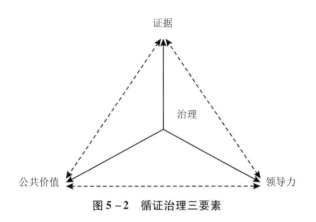

图5-2　循证治理三要素

（二）突发公共卫生事件的循证治理过程

发生突发公共卫生事件的城市，就像一个突发急病的病人，如何得到快速有效的治理，是广大城市治理者需要面对的重大命题。这个治理过程除了需要具有良好素质的"医生"、科学的"处方"外，更需要一个完善的"医疗设备"提供充足的"医疗证据"，才能让医生迅速开出有效的"药方"，在城市治理过程中的对症下药过程就是制定治理政策的过程。在决策过程中，各参与主体需要按照公共价值去看待问题，决策者需要把价值判断和事实判断区分开。参考罗伯特·希斯提出的危机管理4R模型，可以将突发公共卫生事件治理工作分为循证防控期（Reduction）、循证预警期（Readiness）、循证控制期（Response）和事后循证重建期（Recovery）四个阶段。

在循证防控期，核心任务是依据科学的知识性证据，预防突发公共卫生事件的发生。任何突发事件的发生都有其可见或者不可见的源头，重要的是在这一个阶段严格按照科学的预防知识体系，做好日常防护工作，将疫情扼杀在摇篮中。这个阶段的治理内容是利用医学生物学等现代科学技术，建立高效的预警系统，开展流行病学调查和常见病原微生物检测，及时发现各类病媒生物的源头并且成功遏制疫情暴发的源头，并生产准确的"循证证据"，是公共卫生事件防治理系的首要功能。同时确保证据经过合适的途径进行有效的传播，提供给相关的决策主体进行相应的预防决策。治理的主体主要是以各级疾控中心为代表的疾病预防控制机构。但是因突发疫情的成因多样，防控工作难以做到万无一失，总有一些病毒可以突破防线形成突发灾害。从2003年SARS、2004年H5N1、2007年埃博拉、2009年甲流、2018年MERS再到2019年新型冠状病毒，周期性突发疫情的暴发仍是当前全球化发展过程中的常态。

在循证预警期，循证治理的核心任务是科学循证疫情并及时向公众拉响警报。一旦发生突发重大疫情，要确保科学准确的预警信息能够及时有效地传递给相关决策者，后者能够根据相关研究机构和专家对传染病发生、流行趋势的预测证据，及时向公众发出疫情预警。传统的证据报送路径是由基层政府逐级向上报告，期间的时间成本大，效率低。这个阶段循证治理的核心内容是研判与甄别证据，对重点监测的传染病信息进行准确判断，并形成相应的应急预案，主动干预疫情的扩散和蔓延，是整个疫情防控的最为关键的环节。

在循证控制期，核心任务是依据准确证据开展应急救灾，迅速控制疫情。公共卫生事件预警失灵或者滞后，导致疫情不幸暴发，那么循证治理的工作就转入疫区的抗疫救灾。循证治理各方主体在科学循证的基础上，采取有效手段，将疫情迅速控制，保护人民群众生命安全，并且把疫情对社会经济的影响最小化是城市治理的核心目标。此阶段的治理由政府各部门、社会各界和公众联防联控、共同参与。在突发公共卫生事件预警信息发布后，城市应急指挥部门及时做出最有效的决策，制定疫情控制、病人救助、治安控制、信息发布、心理引导、健康教育等方案并统筹协调卫生、交通、公安、消防、社会保障、部队等部门资源及非政府组织、各领域的专家循证资源、基层组织以及广大群众，充分利用有限的时间和人力、财力和物力，形成控制疫情的最大合力。

循证重建期的核心任务是科学复工复产，依据合理的政策建议，有序重建社会秩序。突发公共卫生事件后需要尽快落实工厂复工、复产，重新构建城市正常秩序，降低疫情对国民经济的冲击与影响，并加强城市卫生防疫体系的修补和完善，强化源头防治，避免疫情的再次发生，总结疫情前几个阶段的经验教训，不断加强城市的整体公共卫生防御能力。

（三）循证治理的证据治理过程

循证治理的核心要素是循证证据，城市治理中的有效循证证据具有源头的多样性、现代科技依赖性、科学性、高质量等特征和要求，在循证决策和治理过程中，各个治理主体对证据各司其职，确保证据的科学、准确、有效传播和科学利用。

1. 证据的生产。

循证证据是循证治理得以开展的基础，城市公共卫生灾害证据的生产一般需要多部门、多机构、跨学科、多领域协同开展，由公共卫生行政部门负责组织，各医院和公共卫生领域研究机构共同通过严谨、系统和科学的程序，得到科学、准确的关于城市公共卫生情况、卫生事件发生的诱因和环境等相关数据与成果，并建立相关的数据平台进行加工与处理。证据依赖于数据，因此最重要的是确保数据真实，才能让决策更精准。同时及时客观展示现存问题、发布准确消息对于证据的生产尤为重要，因此要对证据进行客观的评估，确保证据获取的科学性、有效性和实时性。

2. 证据的传播。

证据一旦生成，能否及时地传递给决策者是循证治理能否取得成果的关键环节。证据的传播方式包括通报、报告、发布等。由相关检测与研究机构将形成的证据通过规定的流程及时传递给相关决策者，并及时生成相关决策再对公众和相关主体发布。这一过程既包括卫健委、疾控中心的专业申报通道，也包括利用电视、电台、网络、电信等媒体向公众公布，组织专家资源与媒体力量进行证据的解读，同时还包括通过完善数据库、分享数据平台等形式进行证据的管控与共享。由于重大公共卫生事件证据的特殊性，根据《传染病防治法》，也只有省级以上卫生行政部门才有权限公布相关的证据信息，因此如何采用最先进快捷高效的方式进行证据数据的传播，是公共卫生治理领域持续关注和推动的技术难题和热点。2003 年 SARS 疫情过后，我国建成了突发公共卫生事件网络直报系统，基层疫情信息可以从发现到报告至国家疾控中心，时间仅需 4 小时，并在多次公共卫生疫情治理过程中发挥了直报作用。

3. 证据的应用。

证据的应用需要摆脱各利益主体的价值偏向，基于严谨的证据进行决策。这一过程涉及：提出公共卫生相关问题，系统全面地寻找、检索证据，阅读证据，并以专业、科学的标准评价分析证据，对证据的力量进行排序与组织，判定这些证据与城市出现的问题和环境的相关性，确保不同主体对证据的科学使用。第一，循证治理的决策主体需要组织证据生产的同时对其进行科学评估，研究如何更有效和科学地使用，同时在实践中不断完善证据系统，使得证据的形成和使用更加科学，拒绝拍脑袋决策。第二，循证证据的科研机构作为证据的生产主体应保证证据生产体系的科学性并且实时完善。第三，非政府组织、企业等社会组织作为循证治理的参与主体发挥各自的特长，共同协助政府保证证据体系和城市公共卫生治理体系的有效运转。第四，媒体作为证据的传播者，应确保自身的新闻自由权利，支撑证据数据的及时公开，确保证据信息的及时有效，成为各主体之间的沟通桥梁。第五，公众作为循证治理的对象，职责是积极配合并对决策主体和治理体系行使监督的权利。

第三节　循证治理机制小结

将循证理念引入城市治理中，作为城市治理的一项决策支撑。循证决策包括循证证据、领导力和公共价值三个基本要素，其中最为关键的要素是循证证据。确保证据的科学性，实现证据生产、证据传播和证据应用三个子系统相互协调，是推动循证治理系统有效运转实现"善治"的基础和关键。

循证证据的生产需要多部门、多机构、跨学科、多领域协同开展。在 5G

来临的时代背景下，需要充分发挥大数据平台的作用，提升公共卫生领域数据生产加工的现代化水平。证据的传播要做到信息公开透明，传播及时有效，让各参与主体及时共享有效的证据。证据能否得到有效应用依赖于治理主体对证据的利用能力。需要加强对城市决策主体循证理念的培养，完善各部门、各区域之间依靠循证开展联防联控的协同机制。

第六章

儿童友好型城市健康空间
需求与治理

儿童友好型城市（child friendly city）是把儿童友好的概念融入城市规划、建设与治理过程之中，为实现儿童权利而打造城市、社区等的治理体系，把关注儿童利益的设想转化为当地公共政策、程序及决策中的优先事项，是健康城市建设的重要一环。让儿童健康成长关系国家和民族的未来，也是每个家庭的殷切期盼。健康城市强调对儿童权益的关注和保障，以保障儿童安全、满足儿童基本需求为底线，引导儿童进行有益健康的社区活动，促进其身心健康成长。因此，有必要从儿童健康的视角出发，对城市规划与治理提出改进对策，在城市建设过程中保障儿童生存、促进儿童发展、为儿童谋福利。在儿童友好话语体系下，科学的健康城市规划路径和实施机制需要建立在对儿童需求的精准把握基础上。本章基于对北京市首都核心功能区 387 个典型社区的实地调研、随机问卷调查获取的 850 份有效问卷，辅助随机访谈。通过对区内儿童社区活动空间调查，了解当前儿童健康成长空间的供给与需求特征，总结面向儿童友好的健康社区在教育空间、居住空间以及户外活动空间上的特征，并针对北京市首都核心功能区的社区在儿童友好层面存在的问题，从空间布局、儿童参与、多方合作等角度提出优化儿童友好型社区空间治理的政策建议，为其他地区儿童友好型社区的规划建设与治理提供参考。

第一节　儿童健康空间的要素及特征

儿童的健康成长，除了需要一个安全、舒适的居家环境外，还需要有良好的教育和足够的户外活动，本节根据儿童健康成长的主要活动轨迹和行为特征，将儿童健康空间划分为儿童教育空间、居家空间和户外活动空间三类。

一、儿童友好型教育活动空间特征

教育空间主要是指学校周边区域和其他提供教育服务的场所，既包括公共场所，如图书馆等，也包括半公共场所，如棋社等。学校周边区域作为儿童上下学的必经之地，最需要关注的就是交通问题，其次就是软性服务设施。因此，首先应当通过明显标识和提示等串联起可识别的儿童安全出行路径，并对周边道路车辆进行限速和限流；其次应当设置临时停车位和家长等候区，保障人行道宽度，最好可以在校门口设置志愿者临时岗位。至于其他教育场所，最好做到临近社区、点状分布且规模不太大，在这些教育场所周围可设置一片场地作为公共活动空间，为儿童提供社交机会，也可以便利周围群众。

二、儿童友好型居家活动空间特征

儿童活动靠近居住区的趋势非常明显，因此住区公共空间建设质量对于儿童成长至关重要。住区公共活动空间主要是社区活动空间。第一，广场应位于主要交通路口或周边，并在入口处有显著标志物或指示。第二，广场空间不可太小，内部各功能分区之间要过渡自然，不可设置明显隔离带或障碍物。第三，广场内应当合理加入儿童可以亲近的自然元素，如沙地、山石、树木、喷泉等，而不必把这些元素做成不可触碰的景观。第四，广场内休闲设施不是必需的，但如果设置就需要考虑到儿童的需求，保证趣味性和安全性。第五，广场内边缘区域最好设置座椅，座椅朝向应是儿童活动的密集区域，一般为广场中心，最大限度拓展社区监护功能；如果有条件，可以通过年龄层次划分儿童的活动区域，设置幼童玩耍区和普通活动区域。住区内其他公共空间，如住宅楼下的一片区域，虽然空间不大，但可以通过恰当的设计，如绿化点缀、放置简单的运动器械等措施，使其成为儿童喜爱的活动空间，值得拓展。总之，住区活动空间需要依据可达性、安全性、舒适性和多功能性来进行意象营造和基础建设，并尽可能地拓展、利用广场以外的其他住区公共空间，充分提高其亲儿童性。住区内机动车道路和儿童出行道路可以使用两套系统，通过趣味标识如铺设专门的地砖或涂鸦来引导儿童出行。

三、儿童友好型户外活动空间特征

对儿童户外活动空间友好度主要是从两个角度进行考察，即儿童友好设施和儿童友好环境，核心是突出安全、绿色、因地制宜的原则。安全，包括硬件和软件安全，硬件安全指的是交通路网、监控设备等；软件安全指的是良好的社会看护，如街道眼、社区眼等。绿色，主要指的是尽可能模拟自然环境，加入自然元素，不需要多么精巧，只要能吸引儿童的好奇心就足够。因地制宜，是指在儿童活动频率高的地方设置儿童活动场地或提升现有场地的儿童友好性，进行特色教学、设计特色游戏或让儿童自行开发，巧妙混合不同功能等。

第二节 北京市儿童健康空间供给现状及存在问题

基于北京儿童健康空间供给现状，我们于 2021 年 6 月至 12 月对北京市五环内的 387 个典型社区进行了走访和记录，并设计了针对儿童友好型社区空间需求的问卷，对北京市 387 个典型社区进行了随机发放问卷调查。分别面向儿童（7～12 岁）及儿童家长进行的问卷调查共收集有效样本 850 份，其中儿童卷 450 份，家长卷 400 份。儿童问卷中，男女占比分别为 57.55% 和 42.45%，其中 1～3 年级占比 54.72%，4～6 年级占比 45.28%。在家长卷中，1~3年级儿童家长占比60.4%，4~6年级儿童家长占比30.6%，其他年级家长占比9%。

一、教育活动空间现状

学校是人流来往的密集点，也是家长、学生停留的空间，同时承载着交通空间功能和公共空间功能。在交通空间方面，研究范围包括步行空间、道路节点、交通组织和交通设施等；在公共空间方面，主要考察基础设施的配备水平和儿童友好度。我们通过走访市内典型中小学社区，对其建设现状进行了评价。总的来说，北京市校园周边的基本公共服务设施基本具备，如人行道均与车行道隔离，人行道宽度合理，学校门口及周边设置监控摄像点，并在主要道路出口设置了减速带、警示牌等。部分社区做了非常人性化的设置，如在学校周边区域设置上下学接送的机动车和非机动车临时停车位，并在学生的主要步行通道设置了醒目标识。此外，部分学校还在校门口对面设置了专门的座椅，既方便家长等候，也可用于行人休憩。而一些拓展性的指标，比如儿童上下学步行道路表面涂鸦、路口设置爱心志愿者以及沿途设置符合儿童趣味的道路装饰等，体现较少（见表6－1）。

表6－1　　　　　　　　学校周边儿童友好元素评价表

空间	分类	具体措施	总评
交通空间	步行空间	人行道与车行道隔离	优
		人行道宽度适宜	良
		儿童上下学路径地面涂鸦	差
	道路节点	设置上下学临时接送停车位	中
		设置上下学临时非机动车停车位	中
	交通组织	路口设有爱心志愿者	差
	交通设施	监控摄像点	优
		过街安全标志和信号灯	中
		主要步行通道设有醒目标识	中
		主要出口设置减速带、警示牌等	优

续表

空间	分类	具体措施	总评
公共空间	基础设施	门口设置座椅、雨棚等	差
		通过地面标识打造上下学专用通道	差
		沿途设置趣味性道路装饰	差

资料来源：现场调研。

根据调查，大部分社区周围都设置有供儿童之间玩耍和交流的运动场、图书馆和阅览室等城市基本公共服务设施。数量第二多的是画室、琴行、棋社等经营性的教育场所，但是博物馆、展览馆的普及程度相对较低，烘焙坊、手工坊等能够锻炼动手能力的教育场所总体数量也较少。这一方面是因为我国的博物馆、展览馆等普遍属于规模较大的城市级公共服务设施，服务半径较大，较难坐落于社区附近，与国外发达国家各类小微型主题博物馆遍布各大小社区周边相比，反映了我国主题博物馆建设方面的薄弱环节；另一方面，培养动手能力的场所的不足，也反映出虽然我国素质教育提倡了多年，但是在校园以外相关教育场所的供给上，还存在明显的短板。

二、居家活动空间现状

从居住空间是否能够鼓励儿童进行足够的体育活动和社交活动的角度出发，使用意向分析法来对不同的社区空间建设情况进行解构，并结合可达性、安全性、舒适性和多功能性四个维度对不同层级小区的建设情况进行分析和评价。根据儿童友好程度，可以将北京市社区分为三个类型。

第一类属于儿童友好度较高的社区，约占总体社区的30%。这些社区普遍在儿童友好的营造上表现出色，健康空间元素之间的配合也比较到位，活动场地利用率高、效果好。在交通可达性方面，首先考虑社区里的儿童活动空间是否与住区道路相连接，最好是位于道路的交叉口区域；其次考虑是否在出入口有明显标识或标志物。在安全性方面，重点是通过合理的景观设计和布局增强居民的领域感。尤其是对于儿童，活动场地内独特的节点或标志物能够有效提升其对这一空间的掌控感。在舒适性方面，对于儿童来说活动场所首先要足够宽阔，足够奔跑打闹等；其次是能够有与家里不同的特色设施让他们觉得"好玩"。多功能性主要指的是住区不同功能空间之间的相互促进作用。社区内的儿童活动空间如果与商业、教育功能空间相结合，那么社区居民日常出行活动会更多集中在社区内部，儿童在居住区活动的频率和概率都会增大。第二类社区数量较多，约占总数的50%，对儿童健康的关注属于中等水平，各社区内基本配备了专门的休闲活动空间，而且建设水平基本在中等到中等之上。第三类社区则是对儿童健康成长关注不足的反面典型，约占全市的20%。这些社区虽然会按照传统的社区建设规范，配有一定的居民活动空间，但并没有过多从儿童活动需求的角度进行特殊的设计和安排，如缺乏社区基本的儿童游乐场所。

三、户外活动空间现状

充足的户外活动是儿童健康成长的重要空间保障。在家附近步行距离内可供孩子活动的场所中，排名前四的分别为社区内广场空地、有器械和设施的地方、社区公园和城市公园，四者占所有户外活动场所的一半以上。

根据调查，市民对北京市现有的儿童活动空间和活动设施满意度一般，表示满意或很满意的家长仅占25%，还有20.79%的家长表示不满意，可见，当前北京儿童户外活动空间建设还有很大的改善空间。在评判儿童活动空间建设的质量时，活动空间内与大自然是否融合是一个很重要的考虑因素，在问及对孩子与自然环境的接触程度是否满意时，33%左右的家长表示比较满意，还有45.54%的家长认为一般，20.79%的家长表示不满意，这表明站在家长的角度，对孩子户外活动空间的供给是不满意的。

第三节　儿童友好型城市的健康空间需求特征

我们对首都核心功能区的儿童健康空间需求特征进行了结构化提问，并依据问卷数据，从空间需求的类型、空间偏好、影响空间需求的因素以及儿童参与健康空间的规划与建设治理等维度进行深入的统计分析。

一、儿童健康空间需求的类型分析

从调查结果看，调查区域内大部分儿童的健康活动时间是有保障的，受访儿童周一到周五课后常去活动的场所种类繁多（见图6-1）。社区内的开放活动空间是孩子们的首选，其次就是自己家里和好朋友家里，之后选择较多的选项分别为学校或学校附近、购物中心和超市等、小区外的公园、草坪花坛河边等以及小区外的道路。出人意料的是社区活动中心排名位居最后，这表明我们现有的社区配套设施中，室内场所的设计并没有太多地考虑儿童的需求。

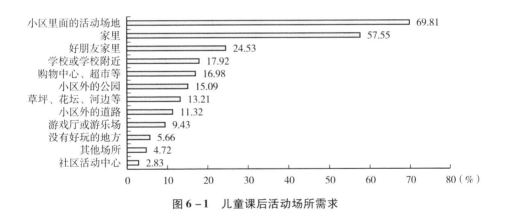

图6-1　儿童课后活动场所需求

二、儿童健康空间偏好特征分析

由于社区内部是儿童最主要的户外活动场所，根据对受访人在所居住小区内最喜欢的地方和最讨厌的地方的调查，并通过对答案的词频分析可以看出，儿童最喜欢的地方普遍是社区广场、公园、操场等场地宽阔、可以游乐嬉闹的活动场所。他们最讨厌的地方则非常多样，楼道、地下空间、车库等都属于环境黑暗或逼仄、周围人较少的地方，停车场、马路等则是车辆往来的地方，这也与先前儿童感到不安全的因素的调研结果相符合（见图6-2）。

（a）最喜欢的地方　　　　　　　　　　（b）最不喜欢的地方

图6-2　儿童对活动场所偏好词频分析

三、儿童健康空间需求的影响因素分析

儿童健康空间的需求受多种因素的影响，包括活动伙伴、活动的主题、活动时间、安全因素等，儿童与家长对上述因素的敏感度不一样。

在儿童活动伙伴问题上，北京儿童最多的玩伴是家长，由家长或亲人陪同外出活动的儿童占比38%左右，其中低年级儿童由家长陪伴外出最多。随着年龄的增长，玩伴由家长转向同年龄伙伴，约13%的儿童喜欢独自外出。此外由于长期的独生子女政策，虽然我国已经全面放开二孩，但现有的调查结果表明儿童与兄弟姐妹一起活动的比重仍然是最低的。

在户外活动主题上，像踢足球等球类运动以及骑自行车、滑板轮滑等体育运动类的比重最高；其次是社交性活动如捉迷藏、撕名帖、过家家、下棋以及器具类活动如玩健身器械、玩滑梯等；最后是亲近自然类的活动如玩水、玩沙、捉虫子、逗小动物、玩花草树叶等。

儿童活动的积极性还受安全因素的影响。根据对户外活动不安全因素的调查，首先是儿童与家长对陌生人员尤其是碰到坏人的担忧，其次是道路上的机动车，最后是活动场地离家远和没有熟人或伙伴在周围等影响因素，此外在选择其他项的答案中，有儿童表示一些废弃的场所也会带来不安全感（见图6-3）。

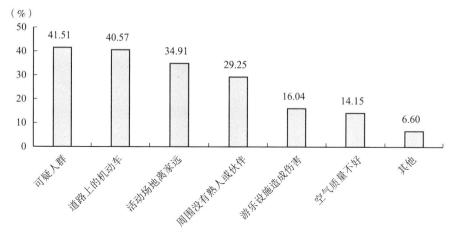

图 6 – 3 让儿童感到不安全的因素

关于如何改善儿童活动空间，促进儿童安全出行，家长的意见比较分散，相对比较强调加强社区监护和交通监管，这两个诉求与儿童及家长对儿童外出活动最担心的两项安全因素相对应。此外，学校多组织集体户外活动和推广儿童定位及报警设备以及提高游乐设施的安全标准等也是家长比较看重的措施。

四、儿童参与健康空间建设的需求

儿童参与权是确保实现儿童各项活动权利的前提。建立儿童参与健康空间建设的机制，促进儿童从被动性参与到主动性参与的转变，是促进儿童友好型社区建设的重要途径。在对自己参与设计户外活动空间类型的选择上，北京儿童的首选是具有探索和冒险乐趣的空间，其次就是绿色型、游乐园型和益智型活动空间，可见儿童对于自然有天然的亲近欲，现代化的游乐设施虽然受到喜爱但并非儿童的必需品。

第四节　儿童友好型健康城市空间治理的政策建议

基于对北京首都核心功能区儿童友好社区健康空间的调查和需求分析，

面向建设儿童友好型城市的目标，需要大力推进儿童友好型社区健康公共空间的建设与治理。建议从如下几个层面制定相关政策标准，确保社区配置足够的儿童健康活动空间、鼓励和培育相关社会组织以及提供高品质的儿童健康空间治理服务。

一、以儿童为本，优化社区健康空间的布局设计

以儿童为本，是建设儿童友好型社区的重要基础。从儿童友好的需求看，健康的儿童活动空间的规划布局应当尽可能做到以需求为导向，在选址上以社区周边空间场所、高密度、小尺度为主，辅以城市公园、城市广场等低密度、宽服务半径的大型公共活动场所，通过安全的路网连接各个活动空间。依据儿童成长发展的需求，在各种类型的活动空间中科学布局儿童卫生和安全设施，合理设计儿童活动场所，拓展儿童活动空间的儿童友好度。

二、以质量为核，提高社区健康空间精细化水平

对社区的治理，需要拿出绣花功夫。基于儿童健康需求的特殊性，我们需要大力提升社区儿童健康空间的规划建设与治理精细化水平，提高活动场地的利用率和场地安全性以及生态性。这些需求的满足需要通过很多精细化的治理规范与准则来实现，因此有必要组织编写系统的儿童友好型健康社区设计规范，将儿童优化型社区建设的相关原则作为建设与治理规范纳入制度保障，包括开展规划建设与治理标准的数据采集和研究，建立健康空间的规划设计，建设监督评估和后期设施维护以及反馈机制等。此外，根据儿童对活动场所安全性的高要求，需要制定儿童活动空间的安全标准，建立长期的安全监管体系培训机制，切实实现社区儿童健康空间的精细化治理。

三、以参与为基，提供儿童表达权利诉求的机会

儿童参与到社区乃至城市的公共空间规划和设计过程，已经是当前城市

规划界的一个重要思潮，如德国慕尼黑的儿童之城和日本千叶佐仓的儿童迷你街等就是具有全球示范性的儿童友好型社区建设项目。这一方法可以有效避免在城市尤其是社区规划过程中以成人思维代替儿童进行方案构思，使社区空间的设计偏离儿童的基本需求，造成社区儿童友好程度的下降。基于儿童友好型社区的健康空间需求，需要在规划初期鼓励社区儿童积极参与公共空间的规划调查，深入了解儿童的想法和意见，通过方案模拟设计、方案社区咨询与展示等方式让儿童对建设什么样的健康空间做出自己的决定，让儿童参与到儿童友好社区的健康空间场所的建设过程中去。

四、以合作为径，推动儿童健康空间的品质提升

社区儿童健康空间的供给离不开政府、市场和包括儿童在内的社区居民的通力合作。充分调动上述各个主体的参与积极性，灵活引入各界资本、智力和政策资源，以社区为基本载体，探索社区儿童健康空间规划建设与治理的合作模式，助力儿童友好型社区的健康公共空间的建设和社区品质的提升。如可以推动社区建设单位与高校进行项目合作，探索商社合作，共同打造儿童友好型社区。

第七章

老年友好型城市健康水平
评估与治理

老年友好是健康城市的一个重要标志。党的十九届五中全会将"实施积极应对人口老龄化"上升为国家战略。我国当前较为明显的一个特征就是老龄化和长寿化结构性矛盾，各地区纷纷出现了高龄化和空巢化的人口特征，但我国的养老事业发展落后于经济和社会发展水平，积极应对人口老龄化问题是我国的一项长期战略任务，为营造一个适合老年人健康生活的社会环境，探究出一条适合我国国情的老年友好治理模式是现阶段的重点抓手。在存量和精细化城市规划发展趋势下，构建完善的养老服务体系，形成"家庭－社区－政府"多元主体的养老服务体系模式，完善社会福利体系、政策体系以及养老服务体系是从社会角度推动老年养老的必要手段。因此，有必要转变城市规划与治理的价值导向，对老年友好型城市提出改进措施，在城市治理过程中做好老年人生活圈服务设施的配置和养老服务体系的构建。本章在综述国内外相关研究基础上，以首都功能核心区 32 个街道 1825 个社区为研究对象，测度分析养老服务体系和基于 15 分钟生活圈的老年友好性，从构建15 分钟生活圈和完善老年友好型服务体系两个角度评价首都功能核心区的老年友好性，并提出相应的政策建议。

第一节　老年友好社区研究综述

广义的老年友好型社会不仅包含了城市地区老年人的生活，同时也包含了非城市地区内各种社区、工作场所以及机构组织的老年友好性（Menec et al.，2015）。2000 年，美国退休协会将老年友好社区描述为应当具备"老年人可支付得起的适宜居住的住房，同时具备较为完善的社区服务功能以及无障碍的交通环境"等的特征。2007 年世界卫生组织（WHO）提出了老年友好社区（age-friendly communities）概念："社区建成环境和生活服务设施能够容纳不同需求和能力的老年人"，认为其应该在健康城市实践基础上进行探索。老年友好型社区构建的目的是从规划和治理角度进行积极干预，以政策体系、社会环境、市场服务等工具提高老年人生活的宜居环境，促进老年人健康全面发展（于一凡，2020）。世界卫生组织对老年友好型社会进了定义，即能够促进积极老龄化的、并且对老年人生活和发展的城市环境具有帮助的社会。因此，构建老年友好型城市主要从宜居环境的建设方面来考虑，具体从物理环境和社会环境两个方面，同时特别重视空间建设和社会建设，并通过行政力量和创新社会市场管理方式引起广泛的合作模式来提供老年友好公共服务。

一、国外研究综述

世界卫生组织针对老龄化带来的一系列社会问题在 1997 年提出的《健康老龄化全球战略》中强调了建成环境在促进老年人生活健康、提高老年人日常生活质量方面的作用，同时在《老龄化与健康的全球报告》（2015）和《老龄化与健康的全球战略和行动计划》（2017）中进一步强调了城市建成环境要素对老年人健康生活的重要作用，并提出了相关建议比如积极推进社区健康环境建设、推动促进老年人健康生活等。2007 年世界卫生组织提出了 age-friendly communities 概念，之后国外众多学者在城市规划学领域、城市建设领域以及城市治理过程中先后讨论了老年友好型社会、老年友好型城市以及老年友好型社区的建设和构成。广义的老年友好型社会范围不仅包含了城市地区老年人的生活，同时也包含了非城市地区内各种社区、工作场所以及机构组织的老年友好性（Menec et al.，2015）。世界卫生组织对老年友好型社会进了定义，即"老年友好型社会指的是能够促进积极老龄化的、并且对老年人生活和发展的城市环境具有帮助的社会"，该定义被众多国外学者引用认可。

国外很多学者对于老年友好的研究通常是从宜居环境的角度切入，具体细化分为物理环境（physical environment）和社会环境（social environment）两个方面，因物理环境的可量化分析和容易直观体现，所以更多研究倾向于物理环境的研究（Chiai et al.，2010），从可视化角度来评价老年友好性的标准以及构建方式。老年友好型社会的物理环境影响主要包括户外空间、建筑特点以及住宅区的设计对老年是否存在生活障碍等，出发点是为了让老年人获得一个有益于身心健康和快乐生活的生存环境。老年社会友好性的研究主要集中在社区安全性、社会老年支撑程度、老年养老服务体系、公共交通的友好性以及老年人获取生活服务的便利性，更多体现的是老年人群体的生活品质和心理需求（Novek & Menec，2014）。国外学者对于老年友好型社会建设强调的重点各有不同，有从老年人生活基本需求、积极的健康生活态度出发，也有着重强调满足残障老年人自理，尤其对弱势老年人的照顾出发的。英国对于老年人生活的物理环境包括住宅设计、户外空间安全和便利以及建成环境的最优化的关注较为全面，同时也对社会环境，包括老年人参与程度以及养老服务体系的标准研究较为深入（Liddle et al.，2014）。在强调构建老年友好型城市时，有学者指出应重点加强物理环境和社会环境两个维度的支撑，促进其生理需求和心理需求双向满足，提高其在社会中的融入度以及幸福感（Loss et al.，2008）。国外经验表示，老年友好性不仅会在社区构建中得到提升，在社会参与以及能够自我表达心声和需求时也会极大改善老年人生活的态度和情绪（Chiai et al.，2010）。

可以看出，国外构建老年友好型社会主要从宜居环境的建设方面来考虑，具体从物理环境和社会环境两个方面，同时特别重视空间建设和社会建设，并通过行政作用和创新社会市场管理方式引起广泛的合作模式来提供老年友好公共服务。而老年人因其自身生理因素，对城市的居住环境以及基础设施、交通系统以及社会支撑系统有特殊要求，所以对于公共服务提供者有特殊的要求，需要政府、企业和社会共同合作。

二、国内研究综述

国内对于老年友好的相关研究较少，但是由于近年来我国社会老龄化的加剧，一些学者开始参与到老年友好性的研究中，研究的领域包括老年友好型社会、社区，老年友好型环境的建设以及老年宜居城市的构建等（戴俊骋等，2011）。不同学科领域包括社会学、经济学、地理学、管理学等的学者分别从不同的角度进行老龄化友好的探索，本章着重于从城市规划以及治理两个角度来对相关文献进行梳理，探讨总结我国学科领域关于老年友好的研究进展，以及如何从社区角度入手应对老龄化社会。

1990年我国设立了应对老龄化问题的国家自然科学基金会，增加对研究老龄化问题的资金投入。我国学术界从城市规划的角度研究老龄化问题起步比国外相对较晚，但是在国家引导相关政策以及资金的支持下，相关领域的学者开始从规划学以及建筑学角度对影响老龄化的若干因素进行研究，其中包含老年人住宅、城市公共交通规划、室外活动空间以及公共服务设施配置等方面，分别探讨了其对老年人生活的作用和影响。在老年人养老方式以及老年人居住方式的选择上我国其实存在多模式的共存，随着社会和经济的发展，出现了社会机构养老等多方式养老共同发展的态势。老年养老服务体系的建立，应当以"居家养老"为主，"设施养老"为辅，但是由于老年人口体量巨大，以及养老的特殊性，还是以居家养老为主，同时也离不开社区的公共服务支撑。有学者认为老年人处理和普通住宅的关系时主要有三种方式，包括同住型、邻居型和分开型（陈纪凯、姚闻青，1998）。大部分学者认为老年人社区应当和普通社区以共同存在的方式发展，不能单纯追求老年人住宅单一规模（马晖、赵光宇，2002）。通常来说研究人的宜居生活都是从心理和生理两个方面出发，围绕老年人身心特征，很多学者分别从住宅的设计规划、室外空间的规划设计以及小区环境的提高等方面，以结果导向提出了有关研究方向，如房屋居住和户型的适老性改造和增加社区养老服务等目标（赵晔，2003）。越来越多的研究者从居住环境角度出发探究影响老年人生活满足感的因素，有研究表明居住面积较大的老年人生活满足度可能较高（周俊山、尹银，2013）。除了老年人居住环境的友好性改造，其室外的活动空间也非常重要，老年人的活动空间通常在社区周围，对于老年人来说，舒适、安静、可达性等指标是其室外活动空间的友好性象征，一般而言其室外活动空间需要考虑绿地、广场、散步空间等多个要素。老年人在城市生活出行最重要的是匹配到畅通有利于出行的交通环境，随着老年人年龄的增长以及身体行动缓慢，其对无障碍和便利的交通环境需求更高，更多地侧重于步行和公共交通。我国交通系统存在很多对老年人不太友好的地方，致使老年人出行较为不便，有学者提出需要从四个方面，即便利性、安全性、舒适性和平等性来改进提升城市公共交通系统，从而体现对老年人的关怀（汪益纯、陈川，2010）。同时有学者认为造成老年人步行障碍的其中一个原因是他们无法正常理解交通标识所表达的含义，所以加强交通法规和常识的宣传对老年人也是非常重要的（郭堃，2006）。在公共设施建筑方面，1999年我国有关部门发布了《老年人建筑设计规范》，从老年人生理和心理特征针对于公共空间的建筑规范问题进行了明确。生活服务设施配置是否全面也会影响老年人生活的品质与满足感。在关注老年人的公共服务设施配置方面，众多学者主要以社区为核心进行研究，指出社区生活服务设施的配置应当分类提供，以城市为系统，以社区为核心，以养老服务为基准，加强对老年人的关爱（李延红等，2003）。老年公共服务设施的配置应当依据老年人自身的特点，主要集中在基础医疗卫生系统的构建、社会养老机构的设立、老年活动中心等方面（王玮华，2002）。

三、研究述评

综合国内外对老年友好的研究来看，目前我国学术界对于老年友好的研究得到了一定的发展，有关学者研究涉及的范围也比较广，有教育问题、行为心理问题、社区支持网络、安全需要、户外活动空间等方面，但是从治理角度研究老年友好的学者还较少。老年友好型社会的治理能力建设方面还是面临很多问题。首先，众多研究只是局限于分析老龄化带来的社会问题以及老年人生活现状中所存在的问题，但缺乏深层次的实证研究，现实中存在的老龄化带来的社会及社区问题并未得到实质性的建议和方案。其次，研究视角存在局限性，大多是从老年人的身心健康和行为方式来进行研究，而较少从社区角度来研究老年人养老服务体系的构建。最后，老年友好社区方面的研究大多数是以建筑学领域、空间设计领域、专业社会工作为出发点，从治理角度的研究少之又少。老年友好社区作为谋求老年福利的有效途径，应当予以足够的重视和专业视角的研究，推动基层社区治理。2019 年中共中央、国务院印发了《国家积极应对人口老龄化中长期规划》，提出要以社会为依托重点打造老年友好型社区建设工程，围绕老年人的养老需求，构建以居家养老、社区养老、机构养老结合的养老体系，加强服务体系构建，推动政策友好性建设。

老年人在人口结构构成中，属于较为弱势且需要照顾的群体，关注老年人社会权益工作是一项系统庞大的社会性工程，需要包括家庭还有社区等多主体充分参与进来，营造一种友好的老年人社会环境。生活满意度和主观幸福感都是反映老年人生活质量的主观且真实指标，代表了老年人对生存环境和生活质量的全面感受和评价，同时有研究表明优质的社区服务会切实提高老年人生活的幸福度（高辉、谢诗晴，2015），老年人得到社会支持的程度与其生活的满足感也呈正相关（李建新，2007）。社会的友好性主要包含社会的老年政策、产业以及服务体系是否完善，是否充分将老年人的生活需求纳入整体社会的发展中。老龄化事业的发展是积极应对人口老龄化社会的主要措施，是解决老龄化问题、满足老年人对美好生活需要的产业基础。老龄化事业需要完善的老龄工作体制机制和工作体系，着重体现在老龄化工作、养老服务业和老龄化产业等方面。社会老年养老服务体系需要家庭、社区、机构以及政府共同合作，层级分明来一起打造多元主体的服务体系，需要体现在各主体的方方面面。

老龄化问题终究是一个社会性话题，是城市治理面临的主要问题，在治理能力和治理体系现代化的要求下，从治理角度建设老年友好性是高质量发展的必要路径。有学者认为当前众多国家在老龄化问题的选择上依旧停留在为老年群体提供友好的制度上，如社会福利制度、养老金的提供等方面（Greenfield et al.，2015）。而老年友好型社区的建设则更全面，更多是从治理的角度，调度社区资源，引导社会各主体参与，促进家庭事务和社会的融合发展。菲茨杰拉德等（Fitzgerald et al.，2014）指出，随着城市化发展和老年人口占比不断增加，越来越多的城市治理者思考如何将社区建设和养老服务有效结合起来，不断试图通过治理的角度对老年友好型社会和社区进行探索总结。本章拟从社会支撑和物理环境两个角度出发，着重以老年人生活圈为基础对首都功能核心区进行老年友好性评价，同时提出相关的治理建议。

第二节　首都核心功能区老年友好性描述

为了满足人民对美好生活的需求，推动全年龄段人口健康成长，北京市围绕建设健康城市的战略目标，各级政府先后制定了一系列顶层规划，对于优化服务体系、营造健康环境和推动相关产业发展等系列工作进行了全面部署。首都功能核心区是我国政治中心、文化中心和国际交往中心核心承载区，同时也是历史文化的重要保护区，是展示首都形象的重要窗口。《首都功能核心区控制性详细规划（街区层面）（2018－2035年）》指出，要把西城区和东城区建设成为国际一流的和谐宜居之都的首善之区，切实提高人民生活的幸福感、获得感。

一、首都功能核心区老龄化趋势

近年来，我国人口出生率下降，很多家庭出现了四个祖父母、两个成年子女和一个孙子/女的典型特征。随着新人口政策颁布，有机构分析中国人口在2020年中期到2030年中期可能会达到最高值（Flaherty et al.，2007；Riley，2004），同时60岁以上的人口将持续增加，预计在21世纪中叶达到总人口的30%（UN，2002）。北京市高龄化趋势较为明显，截至2019年底功能核心区户籍人口中有1046位百岁老年人，比2018年增加了118人，同时

每十万户籍人口中百岁老年人口数从 2015 年底的 6.1 人增长到 2019 年底的
7.5 人（见表 7 - 1）。

表 7 - 1　　　　首都功能核心区 2019 年户籍人口中百岁老年人情况　　　　单位：人

市、区	合计	男性	女性	每十万户籍人口中百岁老年人数
北京市	1046	354	692	7.5
东城区	149	41	108	15.1
西城区	219	41	108	15.1

资料来源：作者根据相关数据整理。

　　根据有关机构预测，北京市"十四五"时期老年人人口总体数量将不断
增长，预计到"十四五"末，人口老龄化水平将达到 24%，从轻度老龄化迈
入中度老龄化。到 2035 年，老年人口将接近 700 万，人口老龄化水平将超过
30%，进入重度老龄化（见图 7 - 1）。

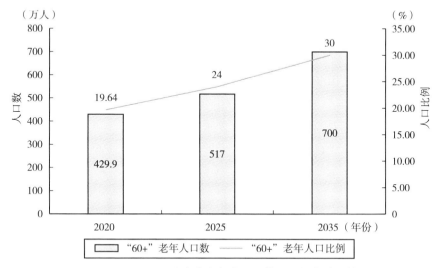

图 7 - 1　2020～2035 北京市老年人口规模和比例变动趋势预测

资料来源：《北京市"十四五"时期老龄事业发展规划》。

二、首都核心功能区生活圈配套设施统计描述

本节分别对和老年人日常生活相关的 19 种配套服务设施进行量化分析，为后续分析各类服务设施存在的问题提供数据支撑。

（一）商业服务设施

商业服务类设施根据老年人的日常生活需求可以分为两类，一类是生活必需服务，如菜市场、便利店、超市；另一类是非必需的消费场所，如饭店、银行营业网点、理发店和洗浴中心。以 15 分钟生活圈服务半径为标准，菜市场分布较多，在部分街道如天坛街道、永定门外街道和展览路街道有部分住宅区未被菜市场 15 分钟生活圈所覆盖。便利店、购物服务、超级市场、超市、餐饮、银行、洗浴、美容美发基本满足核心区内老年人 15 分钟生活圈的日常生活需求。除白纸坊街道、天坛街道、体育馆街道有部分住宅未被覆盖外，其余街区可以满足老年人对邮政服务的需求。

（二）休闲娱乐设施

本节选取公园、广场以及老年活动中心作为休闲娱乐设施，这些场所可以满足老年人日常散步、活动以及与社会交流的需求。爬取结果显示，首都功能核心区内老年活动中心实现了 15 分钟生活圈的全覆盖；公园方面，除了广安门外街道和展览路街道外，基本实现了公园全覆盖，可以满足区内老年人对公园的需求。广场方面，除了广安门外街道和月坛街道未实现广场的 15 分钟生活圈全覆盖外，其他区域基本满足老年人对广场的 15 分钟生活圈的需求。

（三）交通服务设施

老年人出行的方式主要包括步行、自行车、公交车和地铁。由于北京市老年优待卡的优惠政策，老年人出行乘坐公交车免费，以及加上自身行动不便的特点，乘坐地铁的老年人数量非常有限。步行和自行车的出行方式不在

本章研究范围内。北京市发达的公共交通网络体系，基本可以满足老年人对中远距离出行的日常需求。

（四）医疗服务设施

通过爬虫工具爬取首都功能核心区范围内医院空间坐标数据统计医疗保健服务、综合医院、三级甲等医院等指标数据。爬取结果显示东城区有 342 个筛选指标，西城区有 454 个筛选指标，以 15 分钟生活圈的范围辐射标准，首都功能核心区内住宅区医院、社区卫生服务中心、药房均实现了 15 分钟生活圈的全覆盖，可以满足老年人对医疗服务的各层次需求。

（五）养老服务设施

托老所在社会中对于那些生活无法自理的老年人非常重要。首都功能核心区内广安门外街道、什刹海街道、天坛街道、建国门街道、永定门外街道范围内养老院的设置较少。老年服务驿站是一种新型社区养老服务模式，为社区老年人提供日常的生活服务。首都功能核心区内住宅区养老服务驿站集中在部分街道，而展览路街道、永定门外街道养老服务驿站较为稀缺。

第三节　基于生活圈的首都功能核心区老年友好性评价

本节基于生活圈的构建对首都功能核心区内 32 个街道进行老年友好性分析，分别从配套生活服务设施的空间覆盖率、密度以及分布特点进行分析，并总结出了各服务设施存在的问题，同时通过问卷调查和打分法构建老年友好性评估模型，对各个街道进行老年友好性比较分析。

一、服务设施空间覆盖率与密度分析

通过分析计算生活服务设施的空间覆盖率和密度，可以看出，首都功能

核心区老年人生活圈各项服务设施既定服务半径内的住区覆盖率平均为88.16%，综合来说仍有很多住区未满足本研究假定的老年人生活圈需求，存在配套服务设施的缺口（见图7-2）。

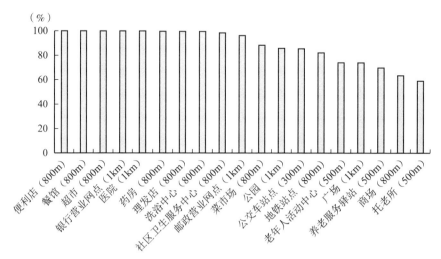

图7-2 首都功能核心区配套服务设施住宅覆盖率比较

图片来源：作者自绘。

商业服务设施的住区覆盖率平均为94.11%，整体情况较好，但是菜市场、商场的覆盖率较低。休闲娱乐服务设施的住区覆盖率平均为77.95%，整体情况较好，广场的老年人活动中心覆盖率相对较低。交通服务设施的住区覆盖率平均为83.78%，公交车站点和地铁站点的住区覆盖率相对均衡。医疗服务设施的住区覆盖率平均为99.29%，整体情况最好，抛开医疗资源承载过大的因素，医疗资源的集中，可以普惠到各住宅区。养老服务设施的住区覆盖率平均为64.41%。作为最能体现养老服务的一项指标，整体情况一般，养老服务驿站数量随着政府的投入不断增加，但机构养老还需进一步的政策投入，引入市场力量加大建设。

在服务设施的密度分析方面，各项设施的密度分布情况均存在不同的情况，综合反映了现阶段首都功能核心区内，配套设施资源不均衡的特点。其中最为明显的老年服务设施覆盖率较小且集中在东城区的崇文门外街道和东花市街道的交界处、朝阳门街道和东四街道交界处、广安门外街道等地，出现了多所设施服务相同区域住宅的现象，需要通过均衡配置来实现整体友好性的增强。各种服务设施因其自身特点均出现了不同程度的集中、不均衡的现象，较为明显的是菜市场、商场、广场、公园、老年活动中心、托老所、养老服务驿站等，此类设施占地面积较大，受资源空间影响较大故出现了分布不均的特点。

二、15 分钟生活圈配套设施存在问题

通过对以上首都功能核心区内生活服务配套设施的统计分析、空间覆盖率密度分布特点以及各街道的友好性打分比较，现将首都功能核心区内老年人 15 分钟生活圈配套生活服务设施的相关问题总结如下。

第一，生活服务设施存在缺口。根据老年人的日常生活需求，将生活服务设施分为了四类，商业服务设施的整体数量情况较好，但是菜市场商场的覆盖率较低；休闲娱乐服务设施的整体数量情况较好；交通服务设施的住区覆盖率平均为 83.78%，公交车站点和地铁站点的住区覆盖率相对均衡；医疗服务设施的整体分布情况最好，抛开医疗资源的承载过大的因素，医疗资源的集中，可以普惠到各个住宅区；养老服务设施存在较大的缺口，尤其是养老服务驿站和托老所数量只占核心区的 2/3，难以满足所有老年人的生活服务需求。

第二，空间覆盖率有待提升。所有服务设施的综合覆盖率为 88%，相对较好，但是和老年人息息相关的养老服务设施，空间覆盖率较低，有很多社区没有在服务范围之内。此外核心区内公园的数量除了展览路街道、广安门外街道、龙潭街道外，其余街道基本可以满足住宅区老年人 1000 米的可达性，达到了 85.35% 的覆盖率，覆盖率较高。关于广场的分布可以很明显看出大部分街区还是具备广场空间供老人使用，广场的覆盖率达到了 73.03%，只有个别街道比如展览路街道、德胜街道、北新桥街道、东直门街道、月坛街道、广安门外街道、陶然亭街道有部分住宅相对来说没有在广场的有效辐射范围内。

第三，优质资源过分集中，分布不均衡。较为典型的是托老所集中在了广安门外街道附近，广场集中在了金融街街道、前门街道和天坛街道附近，老年活动中心较多集中在了西城区。这些设施的建立受城市空间资源的制约，所以其配置也难以做到均衡，造成了资源的浪费。

第四，核心区中心资源过于集中。通过对比各街道的友好性可以发现，中心地区的街道友好性评分普遍高于周边的街道，充分反映了中心资源过于集中的现象，亟须向四周疏散紧密的资源，共同分担人口压力。最为典型的是医疗资源的过度集中和浪费，首都功能核心区内优质的医疗服务集中在一起，承担了服务全国的功能，造成了"医院数量多，却效率低下"的特征。

三、各街道老年友好性比较

对首都功能核心区内 32 个街道单项指标（生活圈服务设施的覆盖度）进行友好性比较，老年人生活圈服务设施包括商业服务设施、休闲娱乐服务设施、交通服务设施、医疗服务设施和养老服务设施共五大类 19 种。每种服务设施均按照非常重要、很重要、一般、不重要进行赋值，通过问卷调查切实获取首都功能核心区内老年人对生活服务设施的重要性比较，同时结合服务设施在各街道的住区覆盖率，进行评比打分，以此得出 32 个街道的老年友好性排名。为了方便对上述各服务设施进行评价，本节设置了面向首都功能核心区内老年人（60 岁及以上）的问卷调查，调查题目为"首都功能核心区老年人生活圈服务设施重要性比较"，其中把各项设施在老年人生活中的重要性分为了"非常重要""很重要""一般""不重要"四个级别，考虑到问卷的对象是老年人其线上发放问卷有效性不高，本人到东城区和西城区不同地点的社区周围进行了随机发放问卷，因疫情原因，只收到了 53 份有效问卷，其中东城区 24 份问卷，西城区 29 份问卷，60～69 岁 22 份，70～79 岁 20 份，80 岁及以上 11 份（见图 7-3）。

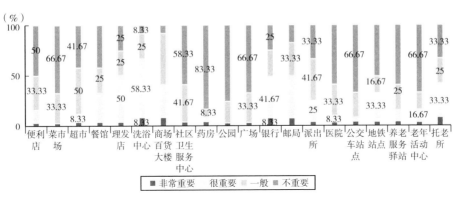

图 7-3 问卷结果分析

资料来源：作者根据问卷调查结果计算得出。

　　为了对比各街道的友好性，本节以比分的形式来比较，相应根据老年人认为的在生活中服务设施的重要性进行了赋值，"非常重要""很重要""一般""不重要"依次赋值"3分""2分""1分""0分"，经计算权重相加得出每项服务设施的综合赋值得分（见表 7-2）。

表 7-2　　　　　　　　　　　各服务设施综合赋值

设施类别	名称	综合赋值（a）
商业服务设施	菜市场	2.81
	便利店	4.55
	超市	2.66
	商场	1.55
	餐馆	1.83
	银行营业网点	1.64
	邮政营业网点	1.55
	理发店	1.81
	洗浴中心	1.40
休闲娱乐设施	公园	2.74
	广场	2.68
	老年活动中心	2.95

续表

设施类别	名称	综合赋值（a）
交通服务设施	公交车站点	2.91
	地铁站	2.50
医疗服务设施	社区卫生服务中心	3.00
	药房	2.81
	医院	3.00
养老服务设施	托老所	2.72
	养老服务驿站	2.94

资料来源：作者根据相关数据整理。

　　基于老年人生活圈服务设施的街道友好性对比各设施的重要程度综合赋值为 a，在各街道的服务设施住房覆盖率为 b，综合等分为 c。

$$C_l = \sum_{i=1}^{N} a_i \times b_i \qquad (7-1)$$

　　19 种服务设施在各街道的住宅覆盖率见图 7 – 2，同时剔除掉覆盖率接近 100% 的指标（便利店、超市、餐馆、银行营业网点、理发店、药房、医院、洗浴中心），总共参与评分的有 11 项，满分为 $3 \times 11 = 33$ 分。计算结果见表 7 – 3 和图 7 – 4、图 7 – 5。

表 7 – 3　　　　　　　　各街道综合得分比较

街道名称	综合得分	街道名称	综合得分	街道名称	综合得分	街道名称	综合得分
展览路街道	20.61	德胜街道	21.33	交道口街道	21.73	东四街道	25.60
月坛街道	23.77	什刹海街道	23.07	景山街道	26.53	朝阳门街道	23.39
广安门外街道	22.02	西长安街街道	24.88	东华门街道	24.89	建国门街道	21.23
新街口街道	25.04	大栅栏街道	25.03	前门街道	22.98	东花市街道	21.98
金融街街道	23.58	椿树街道	24.59	天坛街道	21.67	天桥街道	23.81
广安门内街道	24.75	陶然亭街道	25.07	永定门外街道	18.57	崇文门外街道	23.60
牛街街道	24.86	和平里街道	20.13	北新桥街道	21.19	体育馆路街道	22.47
白纸坊街道	21.17	安定门街道	20.16	东直门街道	20.72	龙潭街道	21.15

资料来源：作者根据相关数据计算得出。

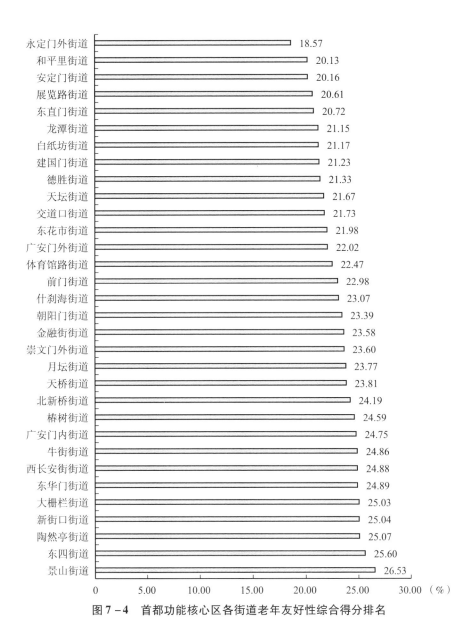

图7－4　首都功能核心区各街道老年友好性综合得分排名

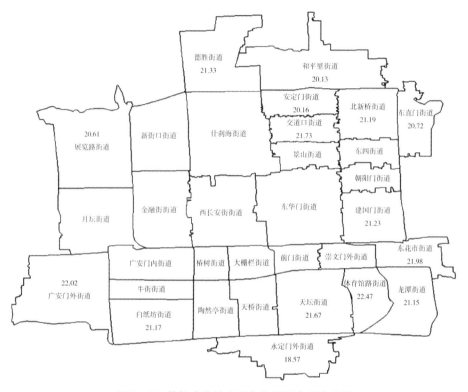

图7-5 首都功能核心区各街道综合得分比较

资料来源：作者根据相关数据整理得出。

通过对比可以看出32个街道整体得分较好，平均得分22.95分，既有条件下景山街道综合得分最高，为26.53分，永定门外街道得分最低，为18.57分。去掉最高分景山街道和最低分永定门外街道，剩余街道的平均得分为22.98分，本节假定高于平均分的街道为较友好型街道，低于平均分的街道为普通友好型街道。则按本章假定的评分标准得到各街道的友好类型见表7-4。由图7-5可以明显看出低于平均分的街道基本处于核心区外围，说明核心区中心区域比周围区域老年友好性更强，生活配套服务设施更加健全，生活服务设施更加集中，而周边的配套生活服务设施存在缺口，同时北城相对南城老年友好程度更高。

表7-4　　　　　　　首都功能核心区各街道友好性比较

类型	街道名称
最友好型街道	景山街道（26.53）
较友好型街道	东四街道、陶然亭街道、新街口街道、大栅栏街道、东华门街道、西长安街街道、牛街街道、广安门内街道、椿树街道、北新桥街道、天桥街道、月坛街道、崇文门外街道、金融街街道、朝阳门街道、什刹海街道
平均值街道	前门街道（22.98）
次友好型街道	和平里街道、安定门街道、展览路街道、东直门街道、龙潭街道、白纸坊街道、建国门街道、德胜街道、天坛街道、交道口街道、东花市街道、广安门外街道、体育馆路街道
差友好型街道	永定门外街道（18.57）

资料来源：作者根据相关数据计算得出。

第四节　首都功能核心区老年友好性提升建议

在老年友好型社会及社区的构建中，本章从打造老年人生活圈、优化养老服务体系、推动老年友好治理三个维度提出了相关政策建议，并结合老旧小区改造、城市更新、治理能力现代化三个方面丰富老年友好的应用场景，同时也提出了相关制度保障措施的建议。

一、构建老年友好具体路径

老年友好的构建必须有系统的城市顶层设计，同时落实到具体街区层面，现代化的治理体系追求共治共享多元主体，北京市力求打造以居家养老为主、社区养老和机构养老为辅的养老服务体系，这就需要家庭、行政和市场三种不同的主体相互合作、共同参与。老年友好城市的治理的主体不局限于社区或政府，应当突破阶层局限，形成上下互通的治理体系，多元主体各司其职，通过家庭的温馨、社区的支撑以及机构的托管养老，构建相互弥补的养老生态体系。当养老体系的主体确定后，应该发挥各自的作用，依据一定的标准去推动老年友好性改进。影响老年友好性的因素主要分为物理因素和社会因素，物理因素包括住宅环境以及户外空间的设计，这需要更多规划改进。还有更直观的服务设施的可达性和便利性，包括公共交通系统、老年相关商品的提供、老年娱乐设施的设立等。老年人生活品质的提高，需要构建以老年人为中心的生活圈，在城市中形成生活服务的网络体系，更好地为老年人服务。构建老年人生活圈，保障老年人日常生活需求，打造老年人养老服务体系，为老年人提供社会支持，推动老年友好治理可以有效积极应对老龄化问题。

（一）打造老年人生活圈

打造良好的生活圈需要配备完善的生活服务设施，而配套生活服务设施的规划建设需要一定的参考依据，同时随着社会发展和居民的需要不断更新完善，提升住宅区周边公共服务设施和居民需求的匹配度。在"一刻钟服务圈"的理念下，结合《首都功能核心区控制性详细规划（街区层面）（2018年–2035年)》中的"三级公共服务生活圈"的规划目标，同时结合老年人自身生理特征以及心理特征，打造符合老年生活需求的15分钟生活圈，使老年人在步行15分钟内基本可以完成生活所需。生活圈的打造应以街道为单位，但是不能剥离各街道之间关系，导致整体资源的浪费，应在城市的总体规划下，联动各社区形成生活服务设施的均衡供应网络，提高资源利用效率。

除医疗、生活必需品等公共服务设施，应当加强对核心区内存量空间的高效利用，增强以生活圈为核心的生活服务设施的便利性和可达性，提高老年人的可达性。现存很多社区中的生活服务设施存在配套设施数量不足、覆盖率不足、相同配套设施集中等问题。打造空间集约化的生活圈需要以社区为核心，以老年人生活服务需求为依据，以街区为单位，优化统筹范围内的公共服务设施。以老年友好性为中心，以社区、机构以及居家三个不同主体打造存量下的老年友好生活圈，给予配套的生活服务设施，提升社区的老年服务设施，以街区为单位，完善生活服务性设施网络的建设，满足老年人日常生活需求。在城市规划过程中应当加强生活服务设施的转型规划，以生活圈为单位，建立网络生活圈的内外联动体系，统筹配置各街道之间的资源分

布与共享，提高优质服务资源均等化分布。

（二）优化养老服务体系

党的十九届五中全会提出要建设推动普惠和互助型养老服务体系，为新时代各地推动建立养老服务体系提供了重要指导。有了优质的生活圈服务，就应当有完善的社会支撑体系，进一步优化养老服务体系是推动老年友好的社会路径。养老服务体系的建立需要政府、家庭和社会共同参与，形成一个系统互动的服务体系网络，综合各方的优势特点，共同为打造老年友好型社会而行动。打造"居家养老为基础，社区养老为主要依托，机构养老为补充，社会医养结合"的养老服务体系，不断优化各主体的分工。应当继续深化"三边四级"的养老服务体系（"三边"指老年人的周边、身边、床边；"四级"指市、区、街道乡镇及社区四个层面），为老年人提供社会支撑。在确定养老服务体系的养老方式为"家庭养老、社区养老和机构养老"外，还要确立养老服务体系的服务机制，只有通过有关部门的政策指引加之规划制定保障和社会养老服务的理念导向，才能有效推动养老服务体系的建立和运行。

（三）推动老年友好治理

老年友好型城市的建设并不是一个单向过程，而是循环往复的动态过程，是一个社会化问题，同时需要治理手段来促进社会老年友好性的建设。老年友好型社会随着时代的发展和进步，更多需要依靠完整体系的社会手段来进行治理，运用社会的力量进行运营完善。社区、社会组织以及政府部门的共同参与需要一个共享共治的社会管理体制来进行系统打包，对老年群体的特殊照顾最终要下放到基层社会管理体制中。街道和居委会作为城市管理体制中的基础部分，应当发挥更加重要的作用，起到政府和公民之间的桥梁作用。在打造老年友好社会时，社会组织发挥的作用可能比政府部门更加重要，随着社区服务社会化，社区服务的主体也不断多元化，社区服务履行的公共职能也更加明确化。政府、社会以及市场都可以成为社区服务的主体，处理好各主体之间的关系，需要系统的治理体系，将社会养老服务以及老年友好性的建设社区化，是推动老年友好型社会建设的可行性路径。

如图7-6所示，老年友好性构建必须有系统的城市顶层设计，同时落实到具体街区层面，现代化的治理体系追求共治共享的多元主体。北京市力求打造以居家养老为主、社区养老和机构养老为辅的养老服务体系，这就需要家庭、政府、市场和社区四种不同的主体力量相互合作，共同参与。各主体在相互合作的行动框架中通过不同的路径（城市空间规划、生活圈打造、养老服务体系优化、社会福利体系构建）来推动社会的老年友好性治理。

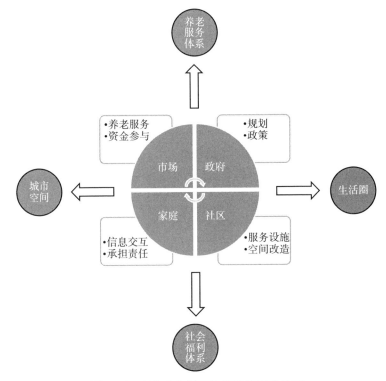

图7-6 老年人生活圈服务设施配置体系

资料来源：作者自绘。

二、丰富老年友好应用场景

老年友好型城市的建立不是一个单项的工程，而是应该嵌入社会的持续发展中，依托城市规划、社区治理以及政策体系在以全龄人口为服务对象的基础上，增强社会的老年友好性。

（一）老旧小区改造

老旧小区存在的问题有公共服务设施落后，小区绿化率低、公共安全威胁、交通不便利、社区制度不完善、物业管理缺失等，对老年人的生活造成了众多麻烦。我国老旧小区改造的类型按照改造目的分为基础类、完善类、提升类三类，其主要目的是通过对存量资源的改造，提高人居环境的宜居性和生活品质。北京市在 2018 年发布了《老旧小区综合整治工作方案（2018－2020年）》，老旧小区改造工程进入了新阶段，在老城整体保护的要求下，由于核心区内有大量的"老破小"，其拆迁难度大，只能进一步在原有基础上进行完善改造。在老旧小区改造的背景下，对原有社区进行综合治理，推进生活服务设施以及建成环境的适老化改造，提升住宅的居住品质和社区环境治理。从规划角度出发，整体推进小区环境治理，重点加装电梯，推动老旧管道修复完善等，完善老旧小区的建成环境。例如在老旧小区改造的过程中，加装电梯是一个重要的工程，而电梯对于行动不便的老年人来说尤为重要。在老旧小区改造过程中应充分根据老年人的生理特性和生活需求，围绕老年友好建设的标准，提高小区生活的便利性和宜居性，完善其生活配套服务设施，从建筑规划设计方面提高老年友好性。

（二）城市更新

2019 年习近平总书记在京津冀协同发展座谈会上指出："要推进北京中心城区'老城重组'，优化北京空间布局和经济结构，提升北京市行政管理效率和为中央政府服务的职能"。[①] 在老北京城旧城更新的过程中，保护和开发应当同步进行，历史文化遗址的保护与宜居城市建设之间存在矛盾，如何在旧城保护的前提下存量改造，实现双赢是重点。在维护古城风貌的同时要考虑老年人群体，如何在古城中生活得更加美好。在旧城改造中要以"修旧

---

① 习近平. 论把握新发展阶段、贯彻新发展理念、构建新发展格局［M］. 北京：中央文献出版社，2021：305.

如旧"的"绣花"功夫，全面改善街区环境品质，而针对首都功能核心区老龄化较为严重的特点，应该着重考虑老年友好性的建设。在老城区的整体保护中要让老年人老有所养、病有所医、弱有所扶，依据老年友好性指标，在存量规划下进一步提升老年友好性。

依托北京市老城重组的城市更新背景，对区域内的存量资源进行优化重组，从老年人自身的生理和心理需求出发，优化整体交通空间、无障碍通行，优化现存空间资源，扩大老年人生活的绿地覆盖面积和活动范围空间，多方位提高公共空间的环境品质。推动空间的集约化利用，增加公共服务设施的便利性和老年友好性，通过环境空间的改进能更好地推动建设老年人宜居的生活环境，增加公园绿地和公共附属绿地空间，改善城市环境，为全体居民创造一个宜居环境。完善城市的服务功能，推进厕所革命，方便群众生活。首都功能核心区内众多的胡同区，应当将传统平房和城市的整体功能匹配起来，改善胡同居民现代化生活需求，完善"厨房、卫生间、洗浴、排水、停车"等基本的民生需求，优化平房区生活条件。在老城整体保护的框架下，如果不能对城市辖区进行有效的现代化改造，可以在存量的基础上提升完善城市基本服务功能，通过加强精细化管理，让胡同的居民有效享受现代化服务。

（三）治理能力现代化

老龄化社会考验国家的治理能力和治理体系，老年友好型社会的建立在治理体系中显得尤为重要。老年友好应该根植于城市规划、建设以及城市治理中，在城市运行的方方面面都贯穿老年友好的思想理念。而一个城市有很多形态，有旧城区、新城区，旧城区的规划由于年代的局限性，给老年人带来了诸多不便利，而新城区的建设同时也得把老年友好给规划进去，各种城市病和污染环境给城市带来了"老年不适宜"的状况。老年群体由于自身的特征，需要城市更多地带给他们包容性、便利性，让其生活变得更加方便、快捷。这期间就需要治理来推动老年友好性的构建，例如公共设施、生态环境以及社区的老年友好性，不仅是规划需要考虑的东西，更多需要对存量进行治理。老年友好是社会治理和城市治理的重要组成部分，老年友好是实现

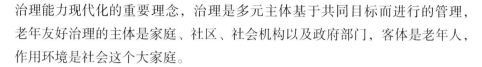

治理能力现代化的重要理念，治理是多元主体基于共同目标而进行的管理，老年友好治理的主体是家庭、社区、社会机构以及政府部门，客体是老年人，作用环境是社会这个大家庭。

三、加强老年友好制度保障

（一）提高规划质量，优化服务设施配置

在城市更新发展过程中，从老年人生理和心理特征出发，发挥街道、社区、责任规划师、社会组织力量，充分调动居民主体意愿，积极主动实现首都功能核心区的保护更新工程。在保护更新中充分考虑老年人的生理特性以及生活需求，从规划中注入老年友好的思想，满足老年人的服务需求。城市空间的规划应与人口规模、居住密度相匹配，交通、活动空间、公共服务设施建设都应结合全龄段需求，尤其是对存量资源的利用，更应发挥规划的力量。城市空间的友好性体现在对前期规划和存量改造的上面，能够发挥最大作用改善老年人的生活环境、为老年人提供便利的生活服务设施。在以人为本的理念下，着重考虑老年人的生理和心理特征，科学配置城市空间服务设施，为老年人生活圈的构造指明方向。

（二）强化政策规范，完善养老体系保障

创建老年友好社会，需理念先行，要在全社会中营造一种老年友好的理念氛围，从顶层设计出发不断完善老年友好的政策体系、福利体系以及养老服务体系。加强顶层设计，不断加大政策、人力以及资金的投入，以保证老年友好型社会的制度基础。完善政策体系可以有效梳理社会各主体之间的关系，政府提供空间、社区提供服务、家庭提供支撑。同时匹配好市场力量的介入，创新养老服务模式，为养老体系的治理提供可参考的依据。

（三）促进全民参与，加强部门统筹协作

在持续推进老龄化社会治理能力现代化水平的进程中，健全完善老年人公众参与制度建设，构建"党委领导、政府主导、社会参与、家庭行动"的

社会养老治理格局。在老龄化社会的建设中要充分让老年人参与其中，加强社区和家庭的中介作用，促进代际沟通和团结，实现老年人群体在社会管理中的平等参与和共同发展。同时注重多元主体共同参与，在家庭养老、机构养老以及社区养老的三层体系中实现各主体的上下互通机制，形成良性改进循环制度。

（四）激发老龄产业，带动养老市场发展

优质高效的老龄化产业发展，势必需要引入市场化服务，用高效率的市场机制带动老龄化事业的发展，提高老年群体服务品质。在新一代信息技术的发展势头下，加强老年健康养老的科技发展，促进养老服务的市场化转型升级，加强社会治理，用科技和市场的力量积极应对老龄化。不断推动机构养老和社区居家养老相结合。围绕复合型的养老服务体系，以社区为支撑、机构为补充、医养相结合，不断推动市场力量介入，提高养老服务品质。

（五）发挥社区作用，打造老年人生活圈

街道以及居委会是社区治理的最重要主体之一，社区是城市空间的基本单元，在高度老龄化的社区诉求转变中，对社区提出了更高要求。社区在医疗、保健、老年服务中发挥了不可替代的作用。打造老年人生活圈必须从社区入手，通过社区主导整合资源，完善老年服务体系，提升老年人的获得感、幸福感和安全感，以社区为主导形成老年友好型社区共建共治共享的社会治理格局。社区生活圈的打造，应从以下几个方面入手：第一，促进社区对老龄阶段人群的关怀；第二，以老年友好性为需求导向，推进社区公共设施的改进以及环境优化提升；第三，综合利用社区存量基础配套设施不断提高老年友好性；第四，综合地域特色，打造具有地域特色的老年友好性服务体系；第五，实现老年人参与，打造良性互动的可持续老年友好治理体系。

第八章

建立城市疫情的常态化治理机制

城市的发展史是一部人类与病毒抗争的旷世史，现代城市规划与治理就是起源于城市公共卫生问题。进入 21 世纪以来，随着城市化和全球化进程的不断推进和全球贸易人口带来的巨大流动性，城市公共卫生安全突发事件频发，已经成为全球化和城市化过程中的常态化现象。2000 年以来，全球已经暴发多次包括鼠疫、SARS、埃博拉、HIV、MERS、新型冠状病毒肺炎等重大疫情。面对各类疫情的威胁，我们如何学会"与疫共生"，在每一场疫情中都能快速实现安全有序的复工复产和复学复课，是当前面临的新挑战和新课题。因此，结合北京、上海等重点中心城市的实际，从提高重点中心城市的抗疫能力，化应急管理机制为常态化治理机制的角度提出重点中心城市疫后逐步恢复城市正常秩序的工作建议。

第一节　建立疫情早期安全有序的社会治理机制

在疫情得到有效控制后，推进重点中心城市复工复产，保持全市经济社会发展总体稳定，尽力降低疫情对国民经济的冲击，其紧迫性和重要性不亚于前期的防疫防控工作。在"与疫共生"的后期复工复产阶段，重点要处理好如下问题：不同区域、不同行业、不同企业如何分区分时复工？如何保障复工单位和人员的安全，保障生产有序进行？

一、网格化管控复工复产风险

对于复工区域遴选，可以打破以街道、社区等行政单位作为基本防控单元的做法，在城市网格化管理平台的基础上，根据疫情大数据，对各网格区域的疫情情况进行风险评估，划定各个网格的风险等级，并纳入城市网格化管理工作体系，根据复工复产情况形成"复工风险五色图"。对疫情风险高的网格地区，集中精力抓好疫情防控工作；对中风险的网格地区，在做好防护措施的前提下安全有序推进复工复产；对疫情程度低且复工复产率也低的网格地区，重点扶持区内企业加大复工复产力度。通过将防疫大数据与城市网格化管理大数据平台的"并网"，实现复工复产风险评估与管控工作的常态化。

二、精准化遴选复工复产企业

选择哪些机构与企业优先扶持和保障复工复产，需要从防疫救灾需要，支撑全球、区域经济发展的重要性和产业链整体复工的角度进行综合循证决策。一是防疫医疗用品生产企业需要首先安排保障复工复产。二是"菜篮子"企业、民生工程领域企业需要尽快协同复产。三是在全球资源配置具有重要影响或在全球供应链关键环节的龙头企业需要优先复工复产。四是要将规模以上企业、骨干企业、产业链上下游配套企业作为重点扶持和推动复工复产企业。五是同时要积极帮扶中小企业复工，尽力维护全市产业发展生态。

三、系统化构建健康管理体系

城市"与疫共生"意味着在企事业单位复工复产的同时，要做好应对疫情随时会卷土重来的风险管控。因此，需要构建一套系统的常态化健康监测与管理体系。一是全面建立市民健康大数据，并推动跨区域的数据互认工作。二是充分利用疫情大数据和公民健康大数据，精准摸排相关人员，落实具体管控措施。在未全面取消疫情预警时期，严格落实隔离观察措施，实行聚集活动限制，把大数据技术应用到最基层，精确到人。三是发挥企事业单位的主体作用，加强员工健康监测和个人防护，落实工作场所、食堂、宿舍等防控消毒与隔离措施，减少员工聚集和集体活动，发现异常情况及时处置。四是强化公民健康意识，增强公民免疫力。五是切实加强健康城市的规划建设，补足健康城市短板，将隔离设施、抗疫物资集运系统以及分级诊疗体系等纳入城市规划与治理体系，全面建设健康友好型城市，提升健康城市治理水平。

第二节　建立安全有序的财税金融治理机制

疫情之下，全国国民经济会受到一定程度的影响，北京上海等重点城市更会受到严重冲击，如果国外也存在相似疫情，市场对经济陷入衰退期的预期更加强烈。根据历史与国际经验，为尽快推进城市恢复正常，保障复工复产阶段企业的可持续发展，中央和各城市政府需要积极打出财政、税收、金融的政策组合拳，大力推动市场尽快复苏，防止宏观经济进入衰退期。

一、实行投资拉动政策

在国际贸易严重受阻，而且短期内无法改观的外部环境影响下，重大项目投资是支撑重点城市经济稳健发展的关键。对于北京、上海这样的中心城市而言，更加需要加强财政资金、土地、能源等方面的保障与支持，优化项目审批流程，确保项目有序开工或复工，推动经济平稳运行。一是保障已有重大项目尽快实现复工。除保障防疫物资研发与生产项目外，还要加快推进交通、水利、体育等与民生相关的基建领域的重大项目复工。二是策划筛选开工一批新项目，聚焦航空航天、电力、水利工程、脱贫攻坚、乡村振兴等传统重大投资领域以及5G、人工智能、工业互联网、物联网为代表的新型基础设施领域的项目开工建设。三是加大对重点行业和中小企业的精准帮扶力度，对受疫情影响严重的住宿餐饮、文体娱乐、交通运输、旅游等行业，在支持中小微企业既有政策的基础上，进一步研究出台财政、税收、金融、社保等优惠和支持政策，确实减少企业负担，帮助上述企业渡过难关。

二、实施扩大内需政策

对于北京、上海等重点城市，人口基数大、消费能力强，内需是确保国民经济平稳发展的最主要力量和重要基础保障。在"与疫共生"的特殊时期，需要尽快出台相关激励政策拉动内需消费，尽快实现国民经济的复苏与正常化。具体而言，一是调整相关消费政策，积极培育消费热点，千方百计刺激消费。二是大力开拓闲暇市场，盘活假日经济，建议有条件的企事业单位实行2.5天周末小长假政策。三是全面提升消费，建议研究面向特殊人群发放现金补助或消费券，帮助受疫情冲击较大的群体渡过难关，稳定消费。

三、落实金融扶持政策

金融市场是城市资本的调节池，在"与疫共生"的重点城市，为满足企事业单位复工复产的资金需求，将疫情对经济社会发展的影响降到最低，需要创新金融扶持政策和金融服务方式，降低企业融资成本。一是加大对生产抗疫物资和民生领域相关企业的信贷支持力度。二是建议金融管理部门尽快出台针对经营困难中小微企业临时延迟还本付息等政策，支持疫情防控和企业复工复产。三是督促和引导金融机构对受疫情影响确实遇到困难的外贸小微企业做出延期还本付息等安排，确保中小企业的资金链不断，督促银行机构之间加强互动沟通，协商解决受疫情影响的支付、结算渠道问题。

第三节　建立安全有序的校园治理机制

由于学校人口高度密集，学生返校复学复课是疫后恢复正常秩序的最后一道关卡，也是疫情风险复发最难以控制的一个环节。北京、上海这些重点中心城市往往还是高等教育资源最为密集的城市，复学带来的疫情防控难度和风险也最为艰巨，因此，做好疫后复学决策是城市"与疫共生"时期最为艰难也是最有挑战的治理工作之一。因此非常有必要建立一套针对"与疫共生"后期安全有序的学生复学决策机制。

一、精准把握师生健康状况

较之于复工复产的对象，学校复学的对象相对比较清晰，对市内各大中小学生以及师资的健康监测也比较容易把握和监测。因此，在复学之前，要充分利用好疫情大数据、基于地理空间位置的每日疫情上报等途径，精准把握所有师生复学复课之前的健康状况及旅行史，并依据健康数据密切做好不同健康类型人员的分类管理。

二、严格实施分区分类复学

在应用健康大数据对市内师生健康状况做好充分评估的基础之上，针对大中小学生的体质和教学差异，采取分区分类的复学措施。其中，在城市网格化管理的数据支撑下，对疫情低风险网格区域的中学高年级尤其是毕业班（初三、高三）的复学复课工作可以与企事业单位的复工复产同步进行。在高年级复学复课一个潜伏周期的基础上，再实行中小学校复学。幼儿属于易感人群，建议在中小学复学复课一个潜伏周期之后，再与人口流动大的高等院校、中职类学校一起作为最后复学复课的群体。

三、精细做好返校健康监控

对人口流动大的高等院校以及中职类学校，师生返校途中的健康管控尤为重要，返校是产生交叉感染的高风险阶段。应做好及时跟踪、全程掌控，实行一对一联系，不脱节失联。学校应实时掌握师生返校期间乘坐的交通工具、接机接站人员信息及走向、身体状况如何等情况，及时提醒做好返程途中的自我防护等工作。

四、境外师生返校管控工作

对留学生和出境师生的回国返校管理，要严格按照国家防疫的统一要求，严防境外疫情输入。可以通过电话微信邮件等多种方式加强与回国和出境师生沟通交流，及时提醒、稳定情绪、排解困难。对确因签证到期、学习任务终结等客观原因必须返回的，要第一时间报所在城市境外疫情防控专职部门和出入境管理、卫生健康等职能部门，学校协同做好入境和返校师生启程前、行程中、终程后的健康管控工作，切实落实接、送、转、隔等管控措施。

第四节　建立"与疫共存"的社会心理引导机制

在长期的疫情影响之下，经济下行压力的增大，加上长期居家隔离、集中隔离的影响，社会上可能出现部分生活失意、心态失衡、行为失常的"三失"人群，成为"与疫共生"时期社会潜在的矛盾因素，因此需要帮助全社会人员做好接受需要与病毒长期共生的社会心理引导机制。通过有目的、有计划、全方位的舆情引导、心理辅导，帮助平衡公众不稳定的心理状态，降低或消除可能出现的社会矛盾。

一、做好"与疫共存"的舆情引导

在新媒体时代，社会普通大众有了自己的"麦克风"。人们可以自由发表言论，甚至成为"意见领袖"，引导舆论态势。因此，需要充分利用现代舆情引导工具，及时把握群众的舆情动态，加大与新兴媒体的合作力度，争取让全民在切身参与中意识到"与疫共存"的现实性和客观性，从而在日后生产生活中做好防范工作。

二、做好"与疫共存"的行业指导

疫情冲击之下，各行各业深受其苦，需要国家和中心城市政府充分发挥产业结构、供给链、国际贸易等领域的专家资源优势，做好企业"与疫共存"的行业发展指导，组织专家学者加强对疫情后可能出现的新变化和新格局进行深入探讨和研究，给中小企业出一些有建设性的意见，降低企业主的焦虑感。

三、做好"与疫共存"的心理辅导

"与疫共存"意味着病毒始终在我们身边，随时可能给我们的健康带来威胁，这会让部分群众在认知、情绪、行为、躯体等方面，出现过度的心理反应。面对疫情引起的过度心理反应，需要引导公众从包括积极调节情绪、避免过度关注、保持社会联系、规律生活作息、学会适当求助等方面进行积极应对，让公众面对病毒能够变得更加理性，在心理和行为上变得成熟并能够通过合适的途径获得积极的应对技巧，全面提升公众"与疫共存"的能力。

参 考 文 献

［1］拜争刚，赵坤，刘丹，等．循证社会科学的推动者：Campbell 协作网［J］．中国循证医学杂志，2018，18（12）：1380－1385.

［2］鲍海君，李灵灵．国土空间规划视角下的健康城市规划评价指标体系研究［J/OL］．生态学报，1－11［2024－03－10］．https：//doi. org/10. 20103/j. stxb. 202309121964.

［3］彼得·霍尔．明日之城：1880 年以来城市规划与设计的思想史［M］．童明，译．上海：同济大学出版社，2017：12.

［4］邴启亮，李鑫，罗彦．韧性城市理论引导下的城市防灾减灾规划探讨［J］．规划师，2017，33（8）：12－17.

［5］陈春，陈勇，于立，等．为健康城市而规划：建成环境与老年人身体质量指数关系研究［J］．城市发展研究，2017，24（4）：7－13.

［6］陈纪凯，姚闻青．新世纪的"银色"人居环境准备：关于改善我国老龄化社会居住形态和居住环［J］．华中建筑，1998（2）：4－7.

［7］陈柳钦．健康城市建设及其发展趋势［J］．中国市场，2010（33）：50－63.

［8］陈钊娇，许亮文．健康城市评估与指标体系研究［J］．健康研究，2013（1）：9－13.

［9］戴俊骋，周尚意，赵宝华，等．中国老年人宜居城市评价指标体系探讨［J］．中国老年学，2011，31（20）：4008－4013.

［10］邓睿，李俊杰，严朝芳，等．社会流行病学的基本理论框架介绍［J］．卫生软科学，2009，23（4）：410－412.

［11］丁慧，陶诚．青岛市"健康城市"评价指标体系探讨［J］．中国卫生质量管理，2016，23（6）：93－96.

［12］丁蕾，蔡伟，丁健青，等．新型冠状病毒感染疫情下的思考［J］．中国科学：生命科学，2020，50（3）：247-257.

［13］丁天赞．突发公共卫生事件应急反应体系和运行机制的研究［D］．济南：山东大学，2005.

［14］董晶晶，金广君．论健康城市空间的双重属性［J］．城市规划学刊，2009（4）：26-30.

［15］董言，姚华．我国传染病网络直报的现状与发展［J］．疾病预防控制通报，2012，27（1）：92-94.

［16］杜娟，阳建强．欧洲城市规划与公共健康互动的发展演变分析［J］．现代城市研究，2006（8）：34-39.

［17］杜泽，张晓杰．循证治理视域下突发公共卫生事件的网络舆情治理研究［J］．情报理论与实践，2020，43（5）：17-23.

［18］范春．公共卫生学［M］．厦门大学出版社，2009.

［19］范旭东．"健康城市"国内外研究进展述评与建设启示［J］．体育科技文献通报，2018，26（10）：28，70.

［20］方文倩．健康城市指数测算及其影响因素研究［D］．中国矿业大学，2019.

［21］冯矛，张涛．构筑城乡"全域统筹—功能复合"绿色空间体系——英国伦敦绿网战略规划案例研究［C］//中国城市规划学会，成都市人民政府．面向高质量发展的空间治理——2020中国城市规划年会论文集（12风景环境规划）．重庆大学；同济大学；2021：9. DOI：10.26914/c. cnki-hy. 2021.030653.

［22］傅华，戴俊明，高俊岭．健康城市评价：改进重于达标［J］．中国卫生，2017（11）：40-41.

［23］傅华，玄泽亮，李洋．中国健康城市建设的进展及理论思考［J］．医学与哲学（人文社会医学版），2006（1）：18-21.

［24］高辉，谢诗晴．杭州市老年人居住满意度及影响因素的实证研究——基于既有社区居家养老服务和设施发展视角［J］．经营与管理，2015（12）：147-149.

[25] 葛天任. 建国以来社区治理的三种逻辑及理论综合 [J]. 社会政策研究, 2019 (1): 49 - 59.

[26] 顾力刚, 张文帝. 基于联合申请专利的企业研发合作网络研究 [J]. 科技进步与对策, 2015 (5): 73 - 78.

[27] 郭堃. 老龄化社会的交通安全问题研究 [D]. 长安大学, 2006.

[28] 韩少秀, 张丰羽. 城市治理研究综述及其引申 [J]. 改革, 2017 (9): 129 - 140.

[29] 贺文. 对老龄设施在城市和村镇规划设计中的思考——老龄设施体系和内容的探讨 [J]. 城市发展研究, 2005 (1): 21 - 24.

[30] 侯海燕, 刘则渊, 赫尔顿·克雷奇默, 等. 中国科学计量学国际合作网络研究 [J]. 科研管理, 2009, 30 (3): 172 - 179.

[31] 黄文杰, 白瑞雪, 胡萍, 等. 关于健康城市指标体系的描述性系统评价 [J]. 医学与哲学 (A), 2017, 38 (2): 56 - 59.

[32] 简·雅各布斯. 美国大城市的死与生 [M]. 金衡山, 译. 译林出版社, 2005.

[33] 蒋希冀, 叶丹, 王兰. 全球健康城市运动的演进及城市规划的作用辨析 [J]. 国际城市规划, 2020, 35 (6): 128 - 134.

[34] 金磊. 中国城市减灾与可持续发展战略 [M]. 南宁: 广西科学技术出版社, 2000.

[35] 金琳雅, 尹梅. 浅议"大健康"观: 从疾病到健康 [J]. 中国医学伦理学, 2017, 30 (7): 908 - 910.

[36] 康伟, 陈茜, 陈波. 基于SNA的政府与非政府组织在公共危机应对中的合作网络研究——以"4·20"雅安地震为例 [J]. 中国软科学, 2014 (5): 141 - 150.

[37] 蕾切尔·卡森. 寂静的春天 [M]. 吕瑞兰, 李长生, 译. 上海译文出版社, 2007.

[38] 李峰清, 黄璜. 我国迈向老龄社会的两次结构变化及城市规划对策的若干探讨 [J]. 现代城市研究, 2010 (7): 85 - 92.

[39] 李刚. 走向教育的循证治理 [J]. 教育发展研究, 2015 (23): 26.

[40] 李汉卿. 协同治理理论探析 [J]. 理论月刊, 2014 (1): 138 – 142.

[41] 李季. 健康城市绿色空间体系构建研究 [J]. 合肥师范学院学报, 2021, 39 (4): 46 – 50, 88.

[42] 李建新. 老年人口生活质量与社会支持的关系研究 [J]. 人口研究, 2007 (3): 50 – 60.

[43] 李经纬, 田莉. 土地利用对公共健康影响的研究进展综述 [J]. 城市与区域规划研究, 2020, 12 (1): 136 – 154.

[44] 李立明. 流行病学 [M]. 人民卫生出版社, 2007, 6.

[45] 李丽萍. 国外的健康城市规划 [J]. 规划师, 2003 (S1): 40 – 43.

[46] 李丽萍, 彭实铖. 发达国家的健康城市模式 [J]. 城乡建设, 2007 (5): 70 – 72.

[47] 李彤玥. 韧性城市研究新进展 [J]. 国际城市规划, 2017, 32 (5): 15 – 25.

[48] 李雯, 戴金海. 航天领域研究网络控制系统的必要性分析 [J]. 航天控制, 2008, 26 (5): 93 – 96.

[49] 李响, 严广乐. 区域公共治理合作网络实证分析——以长三角城市群为例 [J]. 城市问题, 2013 (5): 77 – 83.

[50] 李亚, 翟国方. 我国城市灾害韧性评估及其提升策略研究 [J]. 规划师, 2017, 33 (8): 5 – 11.

[51] 李延红, 郭常义, 卢伟, 等. 上海市老年人交通安全意识的调查研究 [J]. 环境与职业医学, 2003 (1): 34 – 37.

[52] 李煜, 朱文一. 纽约城市公共健康空间设计导则及其对北京的启示 [J]. 世界建筑, 2013 (9): 130 – 133.

[53] 李志明, 张艺. 城市规划与公共健康: 历史、理论与实践 [J]. 规划师, 2015 (6): 15 – 21, 38.

[54] 联合国人居署. 世界城市报告 2022: 展望城市未来 [EB/OL]. (2022). https: //unhabitat. org/wcr/#.

[55] 林宇晖, 刘爱莲. 论循证治理视域下新时代治理格局创新 [J]. 江西师范大学学报 (哲学社会科学版), 2019, 52 (2): 26 – 32.

[56] 刘滨谊，郭璁．规划设计促进人类健康——美国"设计推动的积极生活"计划及启示 [J]．新建筑，2005（6）：13-16.

[57] 刘畅，张晓瑞．城市绿色空间研究进展与展望 [J]．河北地质大学学报，2024，47（1）：92-98. DOI：10.13937/j.cnki.hbdzdxxb.2024.01.013.

[58] 刘东峰，孙岩松．重大传染病疫情应急防控实践总结与思考 [J]．武警医学，2016，27（12）：1189-1192.

[59] 刘继恒，徐勇．健康城市建设评价方法研究与实践 [J]．公共卫生与预防医学，2018，29（3）：9-12.

[60] 刘军霞．园林绿化在健康城市建设中发展对策研究 [J]．北京农业，2014（21）：84.

[61] 刘君德主编；马祖琦著．当代中国城市-区域：权力·空间·制度研究丛书 健康城市与城市健康 国际视野下的公共政策研究 [M]．南京：东南大学出版社，2015.

[62] 刘丽杭，王小万．健康的社会决定因素与健康的不公平 [J]．中国现代医学杂志，2010（15）：165-167.

[63] 刘志强．城市化对市民健康的影响及景观规划策略探讨 [J]．四川建筑科学研究，2008（3）：212-214.

[64] 刘仲文．我国公共卫生管理发展综述 [J]．国际医药卫生导报，2005（15）：6-9.

[65] 柳冬，李沛．国内城市规划应对老龄化社会的相关研究综述 [J]．中文科技期刊数据库（全文版）工程技术：255.

[66] 龙柯宇．强化通勤功能的独立慢行交通系统规划思路——以成都天府国际空港新城为例 [J]．上海建设科技，2020（4）：48-51，55.

[67] 吕孙顶．突发公共卫生事件应急物资储备机制探讨 [J]．海峡预防医学杂志，2014，20（3）：73-74.

[68] 马晖，赵光宇．独立老年住区的建设与思考 [J]．城市规划，2002，26（3）：56-59.

[69] 马亮．行为科学与循证治理：治国理政的创新之道 [J]．经济社会体制比较，2016（6）：9-13.

[70] 马向明. 健康城市与城市规划 [J]. 城市规划, 2014, 38 (3): 53 - 55, 59.

[71] 马艳艳, 刘凤朝, 孙玉涛. 中国大学 - 企业专利申请合作网络研究 [J]. 科学学研究, 2011, 29 (3): 390 - 395.

[72] 马祖琦. 欧洲 "健康城市" 研究评述 [J]. 城市问题, 2007 (5): 92 - 95.

[73] 倪鹏飞. 中国城市竞争力与基础设施关系的实证研究 [J]. 中国工业经济, 2002 (5): 62 - 69.

[74] 潘芳. 健康学 [M]. 科学普及, 2007.

[75] 潘有能, 谭健. 普赖斯奖得主的科学合作网络研究 [J]. 图书情报工作, 2012, 56 (16): 80 - 84.

[76] 齐君, 杨林生, 王五一. 初探京津地区城市化与健康 [J]. 干旱区资源与环境, 2008 (7): 14 - 18.

[77] 邱均平, 温芳芳. 我国 "985 工程" 高校科研合作网络研究 [J]. 情报学报, 2011, 30 (7): 746 - 755.

[78] 任泳东, 吴晓莉. 儿童友好视角下建设健康城市的策略性建议 [J]. 上海城市规划, 2017 (3): 24 - 29.

[79] 沙里宁. 城市 它的发展 衰败与未来 [M]. 北京: 中国建筑工业出版社, 1986.

[80] 宋思曼. 健康城市建设与城市规划策略研究 [D]. 重庆大学, 2009.

[81] 孙鹃娟. 中国老年人总体生活满意度和幸福感分析 [C]. 第八届亚洲大洋洲地区老年学和老年医学大会中文论坛讲演暨优秀论文摘要集, 2007: 246.

[82] 孙佩锦, 陆伟. 城市绿色空间与居民体力活动和体重指数的关联性研究——以大连市为例 [J]. 南方建筑, 2019 (3): 34 - 39.

[83] 孙涛, 温雪梅. 动态演化视角下区域环境治理的府际合作网络研究——以京津冀大气治理为例 [J]. 中国行政管理, 2018, 395 (5): 85 - 91.

[84] 谭少华, 郭剑锋, 江毅. 人居环境对健康的主动式干预: 城市规

划学科新趋势 [J]. 城市规划学刊, 2010 (4): 66-70.

[85] 谭少华, 王莹亮, 肖健. 基于主动式干预的可步行城市策略研究 [J]. 国际城市规划, 2016, 31 (5): 61-67.

[86] 汤少梁, 李玮. 基于4R模式突发公共卫生事件危机管理的研究 [J]. 辽宁中医药大学学报, 2011 (5): 141-144.

[87] 田晨. 大数据背景下循证决策的应用研究 [D]. 湖南大学, 2016.

[88] 汪慧婷, 冯四清, 吴俊晓. 健康城市视角下促进安全的街道设计策略研究 [J]. 南阳理工学院学报, 2018, 10 (4): 76-79, 104.

[89] 汪慧婷. 基于健康城市理念的慢行交通环境改善研究 [D]. 合肥工业大学, 2019.

[90] 汪益纯, 陈川. 基于老龄化社会发展的道路交通设计问题探讨 [J]. 交通工程, 2010 (4): 24-27.

[91] 王兵, 崔向慧, 杨锋伟. 中国森林生态系统定位研究网络的建设与发展 [J]. 生态学杂志, 2004, 23 (4): 84-91.

[92] 王红漫. 突发公共卫生事件应急管理体系和能力及其评价体系研究进展 [J]. 卫生软科学, 2020, 34 (11): 3-10.

[93] 王江萍, 童群. 浅谈老年人步行空间设计 [J]. 华中建筑, 2009, 27 (10): 49-50.

[94] 王兰, 蒋希冀. 2019年健康城市研究与实践热点回眸 [J]. 科技导报, 2020, 38 (3): 164-171.

[95] 王兰, 凯瑟琳·罗斯. 健康城市规划与评估: 兴起与趋势 [J]. 国际城市规划, 2016, 31 (4): 1-3.

[96] 王兰, 廖舒文, 赵晓菁. 健康城市规划路径与要素辨析 [J]. 国际城市规划, 2016, 31 (4): 4-9.

[97] 王黎萤, 池仁勇. 专利合作网络研究前沿探析与展望 [J]. 科学学研究, 2015, 33 (1): 55-61.

[98] 王青平, 范炜烽. 伦理方法抑或技术路径: 西部地区扶贫治理的循证实践 [J]. 西藏大学学报 (社会科学版), 2017, 32 (2): 184-190.

[99] 王思元, 李慧. 基于景观生态学原理的城市边缘区绿色空间系统

构建探讨 [J]. 城市发展研究, 2015, 22 (10): 20 – 24.

[100] 王玮华. 城市住区老年设施研究 [J]. 城市规划, 2002.

[101] 王旭, 王应明, 王亮, 等. 基于证据推理和前景理论的交叉效率排序方法研究 [J/OL]. 中国管理科学: 1 – 10.

[102] 王学军, 王子琦. 从循证决策到循证治理: 理论框架与方法论分析 [J]. 图书与情报, 2018 (3): 18 – 27.

[103] 王云. 公共健康导向下城市慢行系统规划策略研究 [D]. 河北建筑工程学院, 2022. DOI: 10. 27870/d. cnki. ghbjz. 2022. 000034.

[104] 王子豪, 张春阳. 高密度建成环境与公共健康的关联研究综述 [J]. 南方建筑, 2023 (6): 21 – 31.

[105] 翁锡全, 张莹, 林文弢. 城市化进程中居民体力活动变化及其对健康的影响 [J]. 体育与科学, 2014 (1): 37 – 42.

[106] 吴素春. 中国创新型城市国际合作网络研究 [J]. 世界地理研究, 2013 (3): 74 – 82.

[107] 伍小兰. 社会治理视角下养老服务发展路径 [N]. 中国社会科学报, 2020 – 04 – 29 (7).

[108] 项智宇. 城市居住区老年公共服务设施研究 [D]. 重庆大学, 2004.

[109] 谢剑峰. 苏州市健康城市指标体系研究 [D]. 苏州大学, 2005.

[110] 邢忠, 余俏, 顾媛媛, 等. 基于城乡样条分区的绿色空间规划方法研究 [J]. 城市规划, 2019, 43 (4): 24 – 40.

[111] 熊回香, 杨雪萍, 蒋武轩, 等. 基于学术能力及合作关系网络的学者推荐研究 [J]. 情报科学, 2019, 37 (5): 71 – 78.

[112] 许从宝, 仲德崑. 健康城市: 城市规划的重新定向 [J]. 上海城市管理职业技术学院学报, 2005 (4): 33 – 38.

[113] 许从宝, 仲德崑, 李娜. 当代国际健康城市运动基本理论研究纲要 [J]. 城市规划, 2005 (10): 52 – 59.

[114] 许治, 黄菊霞. 协同创新中心合作网络研究——以教育部首批认定协同创新中心为例 [J]. 科学学与科学技术管理, 2016, 37 (11): 55 – 67.

[115] 玄泽亮，魏澄敏，傅华．健康城市的现代理念 [J]．上海预防医学杂志，2002（4）：197-199．

[116] 玄泽亮，魏澄敏，王克利，等．上海市徐汇区健康城市指标体系的研究 [J]．中国健康教育，2003（4）：65-66．

[117] 薛澜，朱琴．危机管理的国际借鉴：以美国突发公共卫生事件应对体系为例 [J]．中国行政管理，2003（8）：51-56．

[118] 闫宏，朱启超，匡兴华．官产学合作研究网络的研究——以 Mobile VCE 为例 [J]．科学学研究，2003，21（3）：274-278．

[119] 闫希军，吴迺峰，闫凯境，等．大健康与大健康观 [J]．医学与哲学（A），2017，38（3）：9-12．

[120] 杨忍忍，王继伟，夏娟，等．我国及部分发达国家健康城市建设进展及现状 [J]．上海预防医学，2017，29（10）：761-766．

[121] 杨涛．健康交通与健康城市 [J]．城市交通，2013，11（1）：1-4．

[122] 杨廷忠．健康行为理论与研究 [M]．人民卫生出版社，2007．

[123] 杨维中．中国公共卫生70年成就 [J]．现代预防医学，2019（16）：2881-2884．

[124] 杨文越，杨如玉，范颖玲．美国明尼阿波利斯城市公园绿地规划经验及其借鉴 [J]．规划师，2020（17）：83-89．

[125] 杨一风，范晨芳，曹广文．危机管理在中国公共卫生突发事件应急反应中的应用 [J]．第二军医大学学报，2004（3）：268-271．

[126] 杨振山，蔡建明．城市竞争力与健康城市发展 [J]．工程研究 - 跨学科视野中的工程，2011，3（3）：233-239．

[127] 姚强，戴婧，张研，等．国内外健康素养领域机构和作者合作网络研究 [J]．医学与社会，2012，25（6）：7-10．

[128] 于贵瑞，伏玉玲，孙晓敏，等．中国陆地生态系统通量观测研究网络（ChinaFLUX）的研究进展及其发展思路 [J]．中国科学，2006（A01）：1-21．

[129] 于贵瑞，梁飚．世界三大生态网——中国生态系统研究网络

（CERN）[J]. 今日国土，2003（7）：28 –29.

[130] 于海宁，成刚，徐进，等. 我国健康城市建设指标体系比较分析 [J]. 中国卫生政策研究，2012，5（12）：30 –33.

[131] 于海宁，成刚，徐进. 我国健康城市建设指标体系比较分析 [J]. 中国卫生政策研究，2012（12）：34 –37.

[132] 于一凡. 本期主题：老年友好社区 [J]. 上海城市规划，2020（6）：5 –6.

[133] 俞可平. 国家治理体系的内涵本质 [J]. 理论导报，2014（4）：15 –16.

[134] 袁琳. 城市地区公园体系与人民福祉——"公园城市"的思考 [J]. 中国园林，2018，34（10）：39 –44.

[135] 臧其胜. 证据为本：福利治理的行动准则 [J]. 社会保障研究，2014（4）：98 –105.

[136] 曾筱. 基于公共健康的城市绿色空间体系构建研究 [J]. 今古文创，2020，（34）：55 –57. DOI：10.20024/j. cnki. cn42 –1911/i. 2020. 34. 025.

[137] 曾鑫，赵黎明."科技企业孵化器、风险投资、创业企业"三方合作网络研究 [J]. 中国科技论坛，2011（8）：62 –66.

[138] 湛东升，张文忠，谌丽，等. 城市公共服务设施配置研究进展及趋向 [J]. 地理科学进展，2019，38（4）：506 –519.

[139] 张爱华，郑武，吴大明. 关于建立健全应急管理体制的思考 [J]. 中国安全生产，2018，13（5）：34 –37.

[140] 张浩，李光耀. 上海市建设健康城市的实践与探索 [J]. 上海预防医学杂志，2008（1）：1 –3，6.

[141] 张洪波，徐苏宁. 从健康城市看我国城市步行环境营建 [J]. 华中建筑，2009，27（2）：149 –152.

[142] 张鸣明，刘鸣. 循证医学的概念和起源 [J]. 华西医学，1998（3）：6.

[143] 张文生，张这伦，周萍. 城市突发公共卫生事件的特点及应对策略 [J]. 现代预防医学，2006，33（4）：637 –638.

［144］张晓亮. 生态学视角下健康城市规划理论框架的构建［J］. 居舍，2018（35）：158.

［145］张育，魏皓严."健康城市"导向下城市慢行网络设计方法研究——以重庆市大渡口区建桥园 A 区城市设计实践为例［J］. 建筑与文化，2016（2）：89 – 91.

［146］张志强，孙成权. 欧洲全球变化研究网络（ENRICH）及其实施计划［J］. 地球科学进展，1996（1）：65 – 73.

［147］张自欣，王亮，王应明，等. 基于证据推理的突发事件预警方法研究［J］. 中国管理科学，2015，23（S1）：291 – 296.

［148］赵晔. 老年人居住环境的舒适性研究［D］. 天津大学，2003.

［149］周俊山，尹银. 住房对城市老年人生活满意度的影响［J］. 中国老年学杂志，2013（16）：3949 – 3952.

［150］周向红. 加拿大健康城市经验与教训研究［J］. 城市规划，2007，31（9）：64 – 70.

［151］周向红. 加拿大健康城市实践及其启示［J］. 公共管理学报，2006（3）：68 – 73，111.

［152］周向红. 欧洲健康城市项目的发展脉络与基本规则论略［J］. 国际城市规划，2007，22（4）：65 – 70.

［153］周志忍，李乐. 循证决策：国际实践、理论渊源与学术定位［J］. 中国行政管理，2013（12）：23 – 27，43.

［154］朱建军，王翥华，胡宏宇，等. 群决策中指标冲突问题的证据推理决策模型［J］. 中国管理科学，2012，20（S1）：101 – 107.

［155］Acheson, D., Barker, D., Chambers, J., et al. 1998. The Report of the Independent Inquiry into Health Inequalities［M］. London：Stationary Office.

［156］Altrichter H. The emergence of evidence-based governance models in the state-based education systems of Austria and Germany［M］. World Yearbook in Education 2020：Schooling, Governance and Inequalities, 2019.

［157］Barton H, Beddington J. Land use planning and health and well-being

［J］. Land Use Policy, 2009, 26（12）: S115 – S123.

［158］ Chiai Lui, Jonne Everingham, Warburton J, et al. What makes a community age-friendly: A review of international literature ［J］. Australasian Journal on Ageing, 2010, 28（3）: 116 – 121.

［159］ Colgrove, J. Epidemic City: The Politics of Public Health in New York. Russell Sage Foundation, 2011. http: //www. jstor. org/stable/10. 7758/9781610447089.

［160］ Corburn J. Toward the Healthy City ［J］. MIT Press, 2009.

［161］ Dalghgren G, Whitehead M. Policies and strategies to promote equity in health ［J］. Copenhagen: World Health Organization. Regional Office for Europe, 1992.

［162］ Davies, P. What is Evidence-based Education? ［J］. British Journal of Educational Studies, 1999, 47（2）: 108 – 121.

［163］ Faludi, A. and Waterhout, B. The Making of the European Spatial Development Perspective: No Masterplan ［M］. London: Routledge, 2002.

［164］ Fitzgerald K. G. , Caro F. G. . An Overview of Age – Friendly Cities and Communities Around the World ［J］. Journal of Aging & Social Policy, 2014, 26（2）: 1 – 8.

［165］ Forsyth. What is a Walkable Place? The Walkability Debate in Urban Design ［J］. Urban Design International, 2015, 20（4）: 274 – 292.

［166］ Frank L D, Schmid T L, Sallis J F, et al. Linking objectively measured physical activity with objectively measured urban form: Findings from SMARTRAQ ［J］. American Journal of Preventive Medicine, 2005, 28（2 – supp – S2）: 0 – 125.

［167］ Friedrich Engels. The Condition of the Working – Class in England in 1844 ［M］. Dodo Press, 2011.

［168］ Frumkin, H. , Frank, L. , and Jackson, R. J. Urban Sprawl and Public Health ［M］. Washington, DC: Island Press, 2004.

［169］ Gao M, Ahern J, Koshland C P. Perceived built environment and health-related quality of life in four types of neighborhoods in Xi'an, China ［J］.

Health & Place, 2016, 39: 110 – 115.

[170] Giles – Corti, B., Donovan R. J. Relative influences of individual, social environmental, and physical environmental correlates of walking [J]. American Journal of Public Health, 2003, 93 (9): 1583 – 1589.

[171] Greenfield E. A., Oberlink M., Scharlach A. E., et al. Age-friendly Community Initiatives: Conceptual Issues and Key Questions [J]. Gerontolo-gist, 2015, 55 (2): 1 – 8.

[172] Green Infrastructure and Open Environment: the All London Grid [EB/OL]. 2012. Mayor of London.

[173] Grey M R. New Deal Medicine: The Rural Health Programs of the Farm Security Administration [M]. Taylor & Francis, 2002.

[174] Hancock T, Duhl L. WHO. Healthy Cities project: a guide to assessing Healthy Cities [J]. Copenhagen, Denmark: FADL Publishers, 1988.

[175] Hancock T, Perkins F. The mandala of health [J]. Health Educ, 1985, 24 (1): 8 – 10.

[176] Hu H H, Cho J, Huang G, et al. Neighborhood environment and health behavior in Los Angeles area [J]. Transport Policy, 2014, 33 (4): 40 – 47.

[177] Johnson M, Austin M J. Evidence – Based Practice in the Social Services [J]. Journal of Evidence Based Social Work, 2008, 5 (1 – 2): 239 – 269.

[178] Liddle, Jennifer, Scharf, et al. Exploring the age-friendliness of pur-pose-built retirement communities: evidence from England [J]. Ageing & Society, 2014.

[179] Loss J F, Melo M D O, La Torre M, et al. Comparing the lactate and EMG thresholds of recreational cyclists during incremental pedaling exercise [J]. Can J Physiol Pharmacol, 2008, 86 (5): 272 – 278.

[180] Maslow A H. Motivation and personality [M]. Prabhat Prakashan, 1981.

[181] Mcintyre C A. Integrating the perceived neighborhood environment and

the theory of planned behavior when predicting walking in a Canadian adult sample [J]. American Journal of Health Promotion, 2006, 21 (2): 110.

[182] Menec V H, Hutton L, Newall N, et al. How 'age-friendly' are rural communities and what community characteristics are related to age-friendliness? The case of rural Manitoba, Canada [J]. Agng & Society, 2015, 35 (1): 203 – 223.

[183] Mota J, Almeida M, Santos P, et al. Perceived neighborhood environments and physical activity in adolescents [J]. Prev Med, 2005, 41 (5 – 6): 834 – 836. [PubMed: 16137754]

[184] Novek S, Menec V H. Older adults' perceptions of age-friendly communities in Canada: a photovoice study [J]. Agng & Society, 2014, 34 (6): 1052 – 1072.

[185] Paluch Amanda E, Bajpai Shivangi, Bassett David R, et al. Daily steps and all-cause mortality: a meta-analysis of 15 international cohorts [J]. The Lancet. Public health, 2022, 7 (3): 219 – 228.

[186] Parkhurst J. The politics of evidence: from evidence-based policy to the good governance of evidence [M]. New York: Routledge, 2016.

[187] Philpott T L. The slum and the ghetto: Immigrants, Blacks, and reformers in Chicago, 1880 – 1930 [M]. Wadsworth Publishing Company, 1991.

[188] Report on the Sanitary Condition of the Labouring Population of Great Britain, 1842 [M]. Edinburgh University Press, Columbia University Press [Distributor], 1979.

[189] Riis J A. How the other half lives: studies among the tenements of New York [J]. New York (NY): Charles Scriber's Sons, 1897.

[190] Réquia Júnior W J, Roig H L, Koutrakis P. A novel land use approach for assessment of human health: the relationship between urban structure types and cardiorespiratory disease risk [J]. Environment International, 2015, 85: 334 – 342.

[191] Sackett D L, Rosenberg W M, Gray J A, et al. Evidence Based Medicine: What it is and What It Isn't [J]. British Medical Journal, 1996, 312:

71 – 72.

[192] Susser M, Susser E. Choosing a future for epidemiology: I. Eras and paradigms [J]. American journal of public health, 1996, 86 (5): 668 – 673.

[193] Torres, Caroline. A Special Educator's Guide to Successfully Implementing Evidence – Based Practices [J]. Teaching Exceptional Children, 2012, 45 (1): 64 – 73.

[194] Tsouros A D. The WHO Healthy Cities Project: state of the art and future plans [J]. Health Promotion International, 1995, 10 (2): 133 – 141.